Cooperation

人机协同
ChatGPT与智能时代教师发展

李宝敏　著

U0117165

上海教育出版社
SHANGHAI EDUCATIONAL
PUBLISHING HOUSE

序

随着新一轮科技革命的发展,人工智能等技术快速推动教育创新发展,同时,也对肩负着教育变革中坚力量的教师提出了新挑战,尤其是以 ChatGPT 为代表的新一代人工智能技术的发展对教师的素养能力提出新要求。近来,ChatGPT 吸引了社会各界的目光,以 ChatGPT 为代表的人工智能技术的出现,标志着一场前所未有的新的技术革命。目前仍存在信息可靠性方面的挑战,人们对于这场技术革命的认识、理解及接受程度不一。教育如何应对人工智能时代,如何回应人工智能技术的发展对教育带来的挑战,如何在趋利避害中进一步提升教育质量,如何发展教师的人工智能教育素养,如何培养并成就人工智能时代的教师,是当下及未来需要解答的重要命题。

习近平总书记在给国际人工智能与教育大会的贺信中指出:"中国高度重视人工智能对教育的深刻影响,积极推动人工智能和教育深度融合,促进教育变革创新,充分发挥人工智能优势,加快发展伴随每个人一生的教育、平等面向每个人的教育、适合每个人的教育、更加开放灵活的教育。"2018 年 1 月,中共中央、国务院颁布《关于全面深化新时代教师队伍建设改革的意见》,提出教师要"适应信息化、人工智能等新技术变革,有效创新教育教学"。2023 年 2 月,教育部部长怀进鹏在世界数字教育大会上指出:"推动教育数字化转型,是大势所趋、发展所需、改革所向,更是教育工作者应有之志、应尽之责、应立之功。"在政策引领下,如何让教师肩负起技术赋能创新教育人的责任成为当前教师教育中重要的实践课题。

在此背景下,笔者带着华东师范大学教师教育学院首届教师教育的研究生团队开启了研究之旅,为使以 ChatGPT 为代表的人工智能技术赋能教师专业成长,我们开启了研究与实践的双向驱动,本书就是研究之旅与实践智慧的结晶。在研究中,为深化对 ChatGPT 在教师专业发展中价值的理性认知开展系统理论研究;在实践中,通过"用、析、评"三部曲推动教师在不同真实场景中应用 ChatGPT,通过行动研究,推进实践应用、理性反思，增强对人机协同赋能教师专业成长内涵与价值的理解。中小学教师对 ChatGPT 智能技术的接受度如何？当前的教师智能教育素养如何？如何通过发展教师智能教育素养促进以 ChatGPT 为代表的智能技术在教育教学中的创新应用？带着这些问题，我们开启了实证研究，发现了教师在 ChatGPT 新智能技术面前面临的困惑与问题。为肩负起我们的专业责任，我们需要为教师赋能并提供专业支持。在实践中，我们探索如何帮助教师利用技术解决教育教学实践中的真问题，让教师更有信心和能力破解教育深化改革带来的难题，不仅增强了他们的信心与信念，我们也见证了行动研究取得的良好实践成效。

研究发现：对于教师而言，ChatGPT 为教师带来了新机遇，不仅可以帮助教师破解教育教学难题，而且可以拓展思维方式，激发教师的教育变革潜能，从更高站位审视教育教学，拓宽教师的育人格局，为教师开展教育创新提供无限可能性。然而，ChatGPT 也给教师带来了新挑战与新要求，不仅人机协同的教育新生态倒逼"人师"育人功能进化升级，而且教师只有具备更高的素养能力，才能真正让技术更好地为我所用，只有提高人机协同育人的能力，才能真正提高教育教学成效。因此，提升教师的智能教育素养也成为迫切的新要求。本书从价值论、本体论、方法论三个维度系统做深度分析。在价值论方面，通过 ChatGPT 对教师影响的价值审思，帮助教师全面理解ChatGPT 带来的机遇与挑战，把握以 ChatGPT 为代表的新技术变革教育的"变"与"不变"两大定律，进而促进教师对教育的本质与价值，以及育人目标、育人方式等问题做审思与深度思考；在本体论方面，通过对 ChatGPT 的本质内涵、基本原理、技术特点和核心能力的解析，让教师理解 ChatGPT 背后的工作原理，增强对 ChatGPT 技术本身的深度理解与认知；在方法论方面，全面探究 ChatGPT 在教育领域的应用，分析人机协同视角下 ChatGPT 的典型教育应用场景和方法，深入剖析在"教""学""评""管""辅""研"六大场景中的应用，结合实践中的具体案例，详细剖析 ChatGPT 在教育教学中的具体应用方法和策略，以期提升教师在不同场景下高效使用 ChatGPT 等人工智能工具教育教学的创新能力，实现技术赋能专业成长效能的最大化。ChatGPT 助推教育变革的前景十分广阔，其不断更新迭代，功能日益强大。尽管 ChatGPT 作为一种新的生成式的人工智能技术在教育领域中的应用日益受到重视，但 ChatGPT 的使用限度及伦理风险也不可忽视，在促进 ChatGPT 与教育教学进行深度融合应用时也应当理性思考其功能限度、价值限度和伦理限度，对 ChatGPT 在教育领域中应用的限度进行反省，通过理性审视，帮助教师把握 ChatGPT 的应用限度和伦理风险，对 ChatGPT 在教育教学应用中潜在的伦理风险的表现与归因进行深入分析,帮助教师厘清 ChatGPT 在教育教学应用中的限度与边界,明晰其可能引发的伦理困境,从而做到科学合理、安全审慎地应用 ChatGPT,尽可能规避其可能带来的风险问题。

如何把握人工智能技术的价值尺度让技术赋能教师专业成长,如何通过人机协同创新技术与教育的融合程度让育人更有温度,是当前智能时代对教师提出的新命题。对于教师而言,不仅需要明确方向,看到智能技术改变教育的力量,更重要的是要识大局,在更大的格局与发展视域中,系统、理性地看待当前智能技术变革带来的新变革,进一步把握育人目标,促进育人方式变革,提升育人的温度与价值。教师需要重行动,在育人实践中不断提高智能教育素养,深化对智能技术赋能自身专业成长与教育教学的新理解;学会人机协同,让自己更有智慧,提升自己的能力;利用新技术积极有效地开展教育教学创新,让"教"与"学"产生新效能,让师生情感联结更深厚。作为智能时代的教师,如何在新技术面前激活自我发展的新动能,不仅要有拥抱新变化的能力,而且要提升在复杂情境中理性判断的能力。何时用技术、如何用好技术、如何负责任地用技术,是需要思考的问题,要让技术为自己终身学习与正向发展的终极目标赋能。提升技术为终身学习与发展赋能的能力是以 ChatGPT 为代表的新一轮科技革命带来的新要求。总之,价值引领、人机协同、理性审视、多向赋能,期待新技术变革成为促进教师教育反思与未来发展的新契机与新力量。

本书注重理论联系实际,从价值引领到技术应用,既创设了联结真实问题的 ChatGPT 应用情境,也引入了权威经典的技术方法与理论模型。通过理念引领、方法贯穿、案例研习、任务驱动,帮助教师学用结合,理解如何更好地进行人机协同,提升教育教学质量与成效。本书旨在为中小学教师、教育从业者、教育研究者以及对教育领域人机协同感兴趣的读者提供一个全面而深入的了解途径。希望通过阅读这本书,读者不仅能够更好地把握 ChatGPT 对教师带来的影响,理解 ChatGPT 在教师专业成长中的赋能作用,还能学用结合,创造 ChatGPT 赋能教师专业成长的无限可能,生成更多的创新应用。

教师是教育的中坚力量,教师的专业发展对于学生的成长和社会的进步至关重要,而人机协同为教师发展提供了更多的机会和工具,以促进他们更好地履行教育使命。笔者希望本书能够激发教师的思考和创新,促进教师与 ChatGPT 的有效合作,共同开创教育领域的新未来;也希望本书能够成为教师专业发展的参考书,为广大教师和教育从业者提供有益的指导和支持。

目　录

第一章　价值审思：ChatGPT 对教师的影响 ………………………… 1

第一节　ChatGPT 给教师带来的四大机遇 …………………… 3

第二节　ChatGPT 给教师带来的四大挑战 …………………… 15

第三节　变与不变：把握新技术变革教育的两大定律 ………… 27

第二章　本源认识：走进 ChatGPT ………………………… 37

第一节　ChatGPT 的内涵与特征 ……………………………… 39

第二节　ChatGPT 的基本原理 ………………………………… 45

第三节　ChatGPT 的核心能力 ………………………………… 56

第三章　人机协同视角下 ChatGPT 的典型教育应用场景和方法 …… 61

第一节　ChatGPT 的应用与使用方法 ………………………… 63

第二节　ChatGPT 辅助"教"的场景 …………………………… 66

第三节　ChatGPT 赋能"学"的场景 …………………………… 75

第四节　ChatGPT 赋能"评"的场景 …………………………… 83

第五节　ChatGPT 赋能"管"的场景 …………………………… 88

第六节　ChatGPT 赋能"辅"的场景 …………………………… 92

第七节　ChatGPT 赋能"研"的场景 …………………………… 98

第八节　反思与总结 …………………………………………… 104

第四章　赋能发展：教师智能教育素养促进 ChatGPT 创新应用 …… 111

　第一节　ChatGPT 来了，教师愿意接受吗 ……………………………… 113

　第二节　什么是教师智能教育素养 ……………………………………… 124

　第三节　当前中小学教师智能教育素养水平如何 ……………………… 137

　第四节　如何通过发展教师智能教育素养促进 ChatGPT 应用 ………… 147

第五章　理性审视：把握 ChatGPT 的应用限度和伦理风险 ………… 153

　第一节　ChatGPT 在教育领域中的三大应用限度 ……………………… 155

　第二节　ChatGPT 在教育领域中的应用伦理风险及其归因 …………… 177

后记 ………………………………………………………………………… 193

第一章 价值审思：
ChatGPT 对教师的影响

　　人工智能时代，新技术的不断涌现和变革正在深刻地影响着各行各业，教育领域也不例外。以 ChatGPT（Chat Generative Pre-trained Transformer，对话生成式预训练语言模型）为代表的人工智能教育应用，引起了教育界的极大关注，深刻影响着教育的关键主体——教师。ChatGPT 为教师的课堂教学、教育科研、教育变革和专业发展带来了新的机遇，也为教师带来了人才观、互动观、教学观和评价观方面的四大挑战。在以 ChatGPT 为代表的新技术变革下，教育领域的变与不变成为了备受人们关注的焦点，把握新技术变革教育的两大定律，有助于教师对教育的本质与价值等问题进行深度思考，在人工智能时代更好地引领教育未来。

本章框架

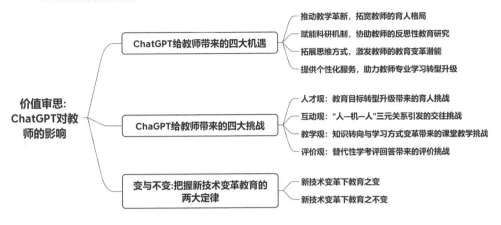

第一节　ChatGPT 给教师带来的四大机遇

当我们向 ChatGPT 提问："你认为 ChatGPT 会为教师带来哪些发展机遇？"后，ChatGPT 的回答如下：

（1）个性化学习。ChatGPT 可以用来生成适合个别学生需求的个性化学习材料。这可以帮助教师提供更有针对性的教学，以更有效的方式支持学生学习。

（2）写作帮助。ChatGPT 可以用来提供写作提示，生成对学生写作的反馈，甚至协助编辑过程。这可以节省教师的时间，并为学生提供一个有价值的工具来提高他们的写作能力。

（3）语言学习。ChatGPT 可用于协助语言学习，生成自然语言反应，为语言学习者提供一个练习和提高技能的平台。

（4）可访问性。ChatGPT 可用于为残疾学生提供无障碍支持，如生成文本到语音或语音到文本的回应，或为学习材料提供替代格式。

（5）提高效率。ChatGPT 可以通过自动执行常规任务来节省教师的时间，如对多选题测验进行评分或生成教案。

（6）创新教学实践。ChatGPT 可以为教师提供新的与学生接触的方式，如互动聊天机器人或虚拟助手。

（7）合作。ChatGPT 可以通过提供一个交流和反馈的平台来促进教师和学生之间的合作。教师也可以使用 ChatGPT 与同事合作，共享资源，交流思想。

值得注意的是，ChatGPT 所带来的机会仍在探索和测试中，关于如何最好地将这项技术整合到教学实践中，还有很多问题需要解决。然而，经过仔细的规划和考虑，ChatGPT 有可能提高教学实践，为学生提供有价值的支持。

学前互动

1. 你认为 ChatGPT 的观点在具体教学中是否可行？为什么？

2. 结合教育实践，你认为 ChatGPT 会为教师带来哪些机遇？

一、推动教学革新，拓宽教师的育人格局

ChatGPT 能承担一定的教学工作，能为教师减轻部分教学负担，能支持教师从更高站位审视和开展教育，推动教学理念、教学设计和教学方式的变革，拓宽教师的育人格局。

想一想

1. ChatGPT 在教学中能够协助教师完成哪些工作？

2. ChatGPT 加入后，教师的教学将会发生怎样的积极改变？

（一）开拓教育视野，推动教师革新教学理念

ChatGPT 与教育的融合不仅会带来教育技术手段的变化，更重要的是促进教师开拓教育视域、拓展教学思路，深化教学创新变革，推进个性化教学。教师可以通过多样化的对话与提问策略，让 ChatGPT 帮助生成教育资源，获取个性化的教学支持，帮助教师不断提升教学创新能力，拓宽教育视野，提升个性化育人能力。一方面，教师可以与 ChatGPT 进行深入的对话与讨论，探索新的教学理念和方法。通过与ChatGPT 的对话，教师可以获得不同的观点和思路，激发自己的创新思维，从而推动教学的改进和创新。另一方面，教师也可以通过 ChatGPT 的文本生成功能，获取生成的教育资源、典型实践案例、辅助教学设计等，帮助教师学习借鉴最新研究成果及典型案例，为推动教学革新奠定基础。新一轮课程改革强调尊重学生个性，发展学生潜能，明确了教师要以人为本、因材施教。通过 ChatGPT，教师可为学生提供个性化

的教学支持,教师可以与 ChatGPT 进行个性化的对话,讨论特定学生的学习需求和问题。ChatGPT 可以提供针对性的教学建议和策略,帮助教师设计个性化的教学方案,不断调整和优化教学策略。同时,ChatGPT 也能基于丰富的知识库,与教师共同分析学生的学习需要与适应资源,为存在学习困难的学生提供针对性学习方案。教师可以根据不同学生学习水平和发展需要,通过人机协同策略,让 ChatGPT 帮助提供针对性的教育资源、设计针对性的教育活动,并获得相关的针对性实施建议。根据学生的个性化发展需要定制教学内容、资源、活动,助推个性化教育教学,让因材施教真正实现。

（二）减轻教学负担,助力教师优化教学设计

教学设计作为对教学活动的整体规划,既是对教学理念的落实,又决定着教学过程的整体安排,在人机协同教育中十分重要。ChatGPT 能够在课前、课中、课后环节为教师教学提供一定支持,减轻教师的教学负担,教师将有更多精力关注和优化教学设计。

其一,教师基于对学生学习背景、学习诉求及学习兴趣的了解,在 ChatGPT 和智慧教育平台、学习终端的技术支持下,优化教学活动与教学过程安排,制定相应的学习计划。在这个过程中,ChatGPT 辅助提供备选方案、拓展素材,创建相关的学习活动和学习指南,从而更好地激发学生的学习兴趣,促进学生的深度学习。其二,教师的教学设计要较好地处理教学过程中人与技术的关系。ChatGPT 作为教与学的辅助工具,教师一方面要注意自身与 ChatGPT 之间的"主-辅"关系,在课前、课中和课后环节,教师把握教学节奏,ChatGPT 主要发挥服务支持的作用,教师要厘清哪些工作可以由 ChatGPT 协助,哪些教学工作必须自身承担①;另一方面,要处理好教学活动中学生与 ChatGPT 的关系,引导学生合理使用 ChatGPT,遵守人工智能应用伦理规范,正确利用其在学习过程中的支持功能,避免学生过度使用并产生依赖性。

学中互动

ChatGPT 将是教师未来教学的帮手,你会利用 ChatGPT 辅助哪些教学工作？为什么？

---

① 汪时冲,方海光,张鸽,等.人工智能教育机器人支持下的新型"双师课堂"研究——兼论"人机协同"教学设计与未来展望[J].远程教育杂志,2019,37(2)：25-32.

（三）拓宽育人格局，提升教师的育人能力

教育是面向未来的，不仅要满足学生当前的发展需要，更重要的是引领学生适应未来社会。教师应该拓宽育人格局，提升育人能力，肩负起培养学生面向未来作为全球化公民的全球视野、跨文化合作交往及问题解决能力的重要责任。ChatGPT 在辅助教师拓宽育人格局、提升育人能力方面，可以扮演不同的角色，发挥多方面的作用。教师利用 ChatGPT 可以模拟不同文化背景的对话，提供跨文化交流的机会，让学生通过与 ChatGPT 的对话，或借助 ChatGPT 开展相关的项目化学习，促进学生增强文化理解，深入理解其他文化价值观。教师利用 ChatGPT 可以模拟社交场景，帮助学生学习如何与他人进行有效的沟通、合作和协商，帮助学生提升社交技能和合作能力。教师利用 ChatGPT 还可以培养学生解决问题的能力，从提出问题、探索解决方案，到采用创新方案去解决问题，通过人机协同，给以引导和指导，从而培养学生提出问题、解决问题的能力。总之，ChatGPT 在拓宽教师的育人格局方面，可以扮演跨文化交流者、社交技能培养者、创造性思维引导者的角色，有助于教师拓宽育人格局，提升教师的育人能力，为学生发展提供多方面的支持。

二、赋能科研机制，协助教师的反思性教育研究

ChatGPT 的问题中心、知识的组合式创新等功能贴近科学研究，对教师的教育研究不无裨益。ChatGPT 能够在激发问题意识、提供科研指导、协助校本教研等方面赋能科研机制，应用于教育教学问题的探索中，优化教师的课程开发和深度教学，使教师从"技术熟练者"转变为反思性教育研究者和基础教育的科学家。①

> **想一想** 💭
>
> 1. ChatGPT 能够在教师的教育研究中发挥什么作用？
> 2. ChatGPT 如何提升教师的科研素养？

（一）以人机对话激发教师教研的反思意识和问题意识

反思意识和问题意识是教师开展教育研究的起点。ChatGPT 强大的智能文献爬

---

① 佐藤学.课程与教师[M].钟启泉，译.北京：教育科学出版社，2003：237-241.

取、智能文本生成、智能交互对话功能①，使教学回归为古老的对话，对话隐喻的反思逻辑和提问逻辑，有助于激发教师教研的反思意识和问题意识，使教师成为孜孜探究的教育"爱智者"。

人与机器就特定主题的一问一答充满了反思、论辩和探求的意味，为教师基于反思的科学研究提供了原初样例。这里的反思不仅是对教师或学生所提主题或论题的反思，也包含教师对 ChatGPT 回答的辩证性分析。例如，ChatGPT 给出的答案是完全正确的吗？是否合乎当下的教育逻辑？ChatGPT 的回答是否遗漏了一些关键知识或存在知识盲点？除了 ChatGPT 的回答，是否还存在其他解答的可能性？通过对 ChatGPT 回答的反思和分析，教师可以形成自己的研究思路，进一步探索教育研究问题。

教师回归"爱智者"的古典形象，在与 ChatGPT 对话论题的质询和追问中形成问题意识。在信息时代，知识以符号、信息的形式寄身于丰富的互联网中，原本具有逻辑性、系统性的知识在某种程度上被解构了，而 ChatGPT 却能够围绕教师的问题重新建构知识，成为新的"爱知者"。教师则回到施教者的古典形象，从"爱知者"转变为"爱智者"。教师在教育研究中不再记录、汇总、传递庞杂的知识体系，而是在新的教育现实下探索教育问题，追寻教育真相和规律。这意味着，仅仅停留在与 ChatGPT 的对话上是不够的。对话是一种求知方式，但不一定是求智方式，教师要善于在共同探讨的论题中"看出值得提问的东西并提出进一步询问论题的问题的能力"②，形成"不疑处有疑"的问题意识。这种反思意识和问题意识的形成，有助于教师坚持问题导向，抓住教研关键，从而摆脱泛泛而谈的研讨，聚焦学校教育中真实存在的教学难题。

（二）以科研功能提升教师教研的科学研究素养

ChatGPT 具备强大的科研辅助能力，在科学研究设计和科研成果表达等方面具备较强功能。这为教师的教育科学研究提供了良好的科研支持，特别是在问题提出、文献回顾、研究设计、论文撰写、成果优化提升教师的科学研究素养上，有助于教师从教研新手逐渐成长为有经验的教研工作者。③

①　蒋华林.人工智能聊天机器人对科研成果与人才评价的影响研究——基于 ChatGPT、Microsoft Bing 视角分析[J].重庆大学学报(社会科学版),2023,29(2)：97-110.
②　汉斯·格奥尔格·伽达默尔.哲学诠释学[M].上海：上海译文出版社,2004：11.
③　朱永新,杨帆.ChatGPT /生成式人工智能与教育创新：机遇、挑战以及未来[J].华东师范大学学报(教育科学版),2023,41(7)：1-14.

一是协助教师提出研究问题。一方面，教师对教育过程中的话题、主题和问题的把握可能存在混淆，可以通过与 ChatGPT 的多轮讨论定位某个教育现象潜在的问题，或从相对较宽泛的主题聚焦到某个问题上；另一方面，教师可以将 ChatGPT 作为研究对象，探索"教师如何实现与 ChatGPT 的人机协同教育""如何将 ChatGPT 转化为有效的教育应用"等研究问题。二是帮助教师就某一教育研究主题撰写文献综述，有助于教师短期内了解该领域的研究脉络与发展现状。三是为教师提供可资参考的研究设计方案，如同教育教学活动中的教案设计、学习计划设计一样，ChatGPT 也会为教师的教育科学研究设计多种针对性的研究方案，帮助教师对比、分析各类研究方案的可行性，从而降低教师开展教研的试错成本，让教师可以放手大胆地深入实践，研究教育问题。四是教会教师论文写作的结构表达。ChatGPT 的回答表述基本上遵循着"总—分—总"的表达结构，并能在总论点之下有条理地提出各类分论点，予以一定的论证；同时，它还能批判性、辩证性地描述某一事物、问题或现象带来的影响，从正反两面呈现。这种结构化、批判性表达能够为教师的论文写作、报告撰写提供逻辑思路。五是协助教师优化教研成果。ChatGPT 可以对论文的语法、语言表达进行润色，协助检查和修改论文格式等。[①]

（三）以同伴互助支持教师校本教研的有效开展

学校课堂是教师天然的研究场所，教师依托学校开展基于群体或个体的校本教研，校本教研是"以学校为基地，以教师为主体，研究学校课程实施过程中的具体教学问题"[②]，在对具体教学问题的研究中，ChatGPT 可以作为教师校本教研的同伴，在不同教研环节与教师讨论并提供研究支持，推动校本教研的有效开展。

教师的校本教研依托线上或线下的课例、课堂观察、课堂互动及合作研讨等开展，ChatGPT 在各研究途径的不同环节中，都能为教师提供脚手架支持。比如，课例研究中，教师需要确立研究主题、合作设计教案、开发观察工具、开展课后研讨、撰写研究报告。[③] 在合作设计教案环节，教师可以与 ChatGPT 共同设计教案，发挥课例研究中教案的纲领性效用，不断打磨教案；在开发观察工具环节，教师可以基于已有教案，与 ChatGPT 进行课堂观察重点的探讨，科学合理地开展课堂观察；在撰写研究报告环节，教师可以借助 ChatGPT 更系统地回顾教学实践的具体开展过程，基于对教学成果的

---

① 邱燕楠，李政涛.挑战·融合·变革："ChatGPT 与未来教育"会议综述[J].现代远程教育研究，2023，35（3）：3 - 12+21.

② 吴刚平，郭文娟，李凯，等.课程与教学论[M].上海：华东师范大学出版社，2022：268.

③ 安桂清.课例研究[M].上海：华东师范大学出版社，2020：111 - 141.

交流讨论实现深度反思,从而形成更为综合全面的课例研究报告。

学中互动

周老师是一名小学四年级的语文教师,她发现学生们的语文作业完成效果不佳,而且有家长反映孩子的学习负担很重,因此她想围绕"基于语文核心素养的课后作业设计"进行教育研究。由于周老师的教研经验较少,她打算借助 ChatGPT 辅助设计教研方案,以下是 ChatGPT 设计的教研方案。

基于语文核心素养的课后作业设计研究

1. 研究目标与问题

(1)研究目标:设计有效的课后作业,减轻学生的作业负担,促进学生语文学科核心素养的全面发展。

(2)研究问题:当前的课后作业存在哪些问题? 如何设计符合语文核心素养要求的课后作业?

2. 文献综述

(1)回顾相关的教育研究文献,了解语文核心素养的定义、框架和评价方式。

(2)研究现有的课后作业设计模式,分析其优缺点,寻找可借鉴的经验。

3. 研究方法

(1)选择合适的研究方法:如问卷调查、实地观察、访谈等,以收集学生、家长和教师的反馈意见。

(2)设计研究对象:选择一个或多个班级作为研究对象,并与学生和家长协商参与研究的意愿和方式。

4. 数据收集与分析

(1)制定问卷调查或访谈的问题,并向学生、家长和教师发放。

(2)对收集到的数据进行整理和分析,归纳出问题的关键点和改进的方向。

(3)分析学生作业的完成情况和效果,与语文核心素养的要求进行对比。

5. 教学实践与课后作业设计

(1)根据研究结果和分析,结合语文核心素养的要求,设计符合学生实际情况的课后作业。

(2)将新设计的课后作业在实际教学中应用,并记录学生的反馈和作业完成情况。

6. 数据分析与总结

(1)收集并分析新设计的课后作业的数据,比较其与以往作业的差异。

（2）根据数据和学生反馈,总结新设计的课后作业对学生学习负担和语文核心素养发展的影响。

（3）提出进一步改进的建议,并总结研究的成果和启示。

7. 结果分享与推广

（1）将研究结果分享给学校其他教师和管理层,以促进更广泛的教育实践改进。

（2）可以在学校内部或相关的教育研讨会上进行结果的报告和交流。

（3）鼓励其他教师借鉴和尝试新设计的课后作业,形成良好的教学共享氛围。

提示：在整个研究过程中,还需要注意保护学生和家长的隐私权,并确保研究过程的合法性和道德性。此外,积极寻求学校领导和同事的支持和合作,他们的参与可以提供更多的资源和反馈,加强研究的有效性和实用性。

思考与讨论

1. 你认为上述教研方案能够有效帮助周老师开展研究吗？为什么？

2. 在教学实践中,你遇到过哪些问题？你会通过 ChatGPT 设计相应教研方案和解决方案吗？

三、拓展思维方式,激发教师的教育变革潜能

ChatGPT 促进教师的思维再造,其用户至上和循证解答等特征有助于拓展教师的主体性思维和循证思维,激发教师的教育变革潜能。

想一想

1. 你认为 ChatGPT 是否以及如何改变教师的思维方式？

2. ChatGPT 在哪些方面能够激发教师的教育变革潜能？

（一）强化教师的主体性思维，打造因需定教的学校教育范型

ChatGPT 根据教师的指令回答问题、生成答案,该用户至上理念有助于强化教师的主体性思维。与技术依赖、工具至上等思维信念相对,主体性思维强调人本中心,在处理教育中 ChatGPT 与人的关系时倡导技术为人服务,利于教师根据学生需求和教育诉求定教,改变传统应试教育方式,保障教育质量公平,维护教育价值安全。

一是主体性思维有助于教师改变传统教育实践的痼疾，改变传统的应试教育。教育范式从关注知识习得转向关注人的需求，ChatGPT 使教学素材和学习资源唾手可得，意味着知识的获取和习得不再是问题，传统应试教育旨在让学生学会知识点而死记硬背的"知识中心"教育范式应该转型升级，教师能够基于人的需求选择知识，鼓励学生批判知识、应用知识、创造知识，助力教育从应试教育转向因需定教，从高知识含量转向高思维含量、高价值含量，从题海战术转向基于问题的探究学习，"有望开创 ChatGPT 赋能的自我导向、人机协同、相互超越的学习新格局"①。二是主体性思维不会"过高估计工具在教育领域的适用性"②，强调人的尺度，顺应教育的伦理需要和价值需要，维护教育价值安全。一方面抵御技术之平庸，有助于教育主体杜绝技术诱惑，避免用数脑替代人脑；另一方面，以人的价值尺度净化教育，维护教育的公序良俗。这一思维启发教师，ChatGPT 的使用者对技术后果负有绝对责任，在使用 ChatGPT 时要采取审慎态度，要理智看待回答中潜在的偏见和谬误。特别是 ChatGPT 对数据集的事实与虚构文本难以区分，甚至为了迎合用户的提问深度伪造文本③，教师对回答的提纯和清思有助于规避对个人和社会的思想侵害，将"人工智能＋教育"控制在安全范围内。

（二）提升教师的循证思维，建构以证据为本的教育治理体系

ChatGPT 在以下两方面体现了循证思维特点：一方面，ChatGPT 的回答基于海量语料基础，如 Common Crawl 数据集、英文维基百科、Reddit 链接、数字化书籍等④；另一方面，ChatGPT 语言模型和训练数据的多样使 ChatGPT 的回答不可避免存在某些偏见、偏差，倒逼用户多渠道寻求证据，核查答案的信效度。基于数据、探寻证据的技术应用能够提升教师的循证思维，循证思维强调教师对教育各个方面的决策都应建立在科学依据和最佳证据上，同时审慎地将证据应用于教育实践。

从经验思维转向循证思维，教师，尤其是班主任，在教育实践中，习惯以经验来感觉，对教育管理的献言献策往往是"拍脑袋"式的，以循证为教育治理的决策视角，能够提升教育治理的科学性。教师借助智能教学系统、智能技术设备等采集教学数据，

---

① 吴军其，吴飞燕，文思娇，等.ChatGPT 赋能教师专业发展：机遇、挑战和路径[J].中国电化教育，2023（5）：15－23＋33.
② 李芒，张华阳.论教育技术的三大关键矛盾[J].中国电化教育，2022（9）：1－6.
③ 陈昌凤，张梦.由数据决定？AIGC 的价值观和伦理问题[J].新闻与写作，2023（4）：15－23.
④ 钱力，刘熠，张智雄，等.ChatGPT 的技术基础分析[J].数据分析与知识发现，2023，7（3）：6－15.

而 ChatGPT 可以作为数据分析助手，采用自主生成的数据分析代码帮助教师解析教学数据[1]，使教师从经验判断转向基于数据的判断，更全面地理解教育现象，发现教育的潜在问题。这些信息也可以促进教师与家长之间的有效沟通，协助技术人员与教育管理人员开展教育治理，参与基础教育重大问题的教育决策，建构以证据为本的教育治理体系。此外，在循证思维导向下，教师也可以前瞻性地采集数据，"主动收集那些当下虽不需要但对未来教育研究至关重要的数据"[2]，促进教育治理、研究、变革一体化。

四、提供个性化服务，助力教师专业学习转型升级

ChatGPT 既是辅助教育的重要工具，也是助力教师学习、促进专业发展的帮手。伊娃·凯恩特(Kyndt E.)和赫尔曼·贝尔特(Baert H.)认为，职业工作中的学习与工作者的态度、主观规范和自我效能最相关[3]，通过归还教师学习自主权、提供学习资源，以及推动学习方式升级，ChatGPT 可以提升教师的学习动机和学习效能，促进教师的专业学习。

> **想—想**
>
> 1. 结合实际经验，你认为教师提升专业素养主要有哪些基本路径？
> 2. ChatGPT 在哪些方面能够赋能教师的专业学习？

（一）重构教师的时间与空间结构，将学习的自主权交还教师

教师时间是影响教师学习的一大关键因素，除去课堂教学时间，教师通常还需要花费大量的时间用于课外的备课、批改作业、学生指导、家校沟通、行政事务处理等等。[4] 该情况之下，专业学习往往被教师置于以上必须事项之后，被当作可选项，并进

---

[1] 顾小清,胡艺龄,郝祥军.AGI临近了吗：ChatGPT 热潮之下再看人工智能与未来教育发展[J].华东师范大学学报(教育科学版),2023,41(7)：117-130.

[2] 邹太龙,易连云.从"始于假设"到"基于数据"——大数据时代教育研究范式的转型[J].教育研究与实验,2017(4)：74-79.

[3] Kyndt E, Baert H. Antecedents of Employees' Involvement in Work-related Learning: A Systematic Review[J]. Review of Educational Research, 2013, 83(2)：273-313.

[4] 王洁,宁波.国际视域下上海教师工作时间与工作负担：基于 TALIS 数据的实证研究[J].教师教育研究,2018,30(6)：81-88.

而在可选项和教师工作压力之下被忽视。

ChatGPT 拥有对基础性工作的强大替代功能，可以帮助教师完成诸如写教案、写报告、制表等文案工作。得益于 ChatGPT 的自动化教学辅助能力，教师可以重构自己专业学习的时间结构。这种重构就是要合理分配教师与机器的功能与责任，将重复性与机械性的任务交予机器，教师不再将有限的课外时间消耗在仅仅需要体力和低阶思维的任务里，而是将更多的时间和精力用来进行益于专业发展的高阶思维学习。

（二）超数据量与泛数据源的训练机制保障了教师知识学习的纵深性与宽广性

互联网内容生产模式经历了三轮迭代，相比于专业生产内容（PGC）模式和用户生产内容（UGC）模式，AI 生产内容（AIGC）模式拥有更高的产出效率，更为稳定的内容质量，其内容的可拓展性也更强。① 同时，ChatGPT 是对万亿字节级别的数据进行训练的结果并拥有千亿级参数，因此，其记忆的大量的常识和知识，如 ChatGPT 的前身 GPT-3 训练集就涉及维基百科、期刊和书籍等大量资源②。受益于此，教师学习将建立在高质量、多数量与宽口径的知识库底座之上。从经济学的角度来说，随着内容生成的不断便利，教师可能消费的知识数量、质量与多样性都会出现大幅的提升。

威廉·庞德斯通（William Poundstone）巧妙地采用狐狸与刺猬的比较，"狐狸是个多面手：思想开放，以事实为基础，有创业精神；刺猬只专注于'重要观念'，不管它是否切题"③。借用威廉·庞德斯通的隐喻，ChatGPT 极可能使教师成长为专业知识更为精深的"刺猬"，又有可能成长为通识知识更为广博的"狐狸"。一是 ChatGPT 超数据量的训练使得教师专业学习的纵深程度更高。超数据量是指数据源不再拘泥于有限的已知数据，还要在变化的时代中产生新的数据。④ 教师的专业知识永远处于不断发展与建构的过程中，特别是在当下新课程与新教材的教学改革背景下，中学学科知识

---

① 王佑镁,王旦,梁炜怡,等."阿拉丁神灯"还是"潘多拉魔盒"：ChatGPT 教育应用的潜能与风险[J].现代远程教育研究,2023,35(2)：48-56.
② 吴砥,李环,陈旭.人工智能通用大模型教育应用影响探析[J].开放教育研究,2023,29(2)：19-25＋45.
③ （美）威廉·庞德斯通.知识大迁移：移动时代知识的真正价值[M].闾佳,译.杭州：浙江人民出版社,2018：257-258.
④ 沈书生,祝智庭.ChatGPT 类产品：内在机制及其对学习评价的影响[J].中国远程教育,2023,43(4)：8-15.

的难度开始向大学层次纵深发展，一本教材反复讲 30 年的时代已经不复存在。教师的知识树需要不断向下延伸以汲取更多养分，ChatGPT 的超数据量训练机制则可以为教师提供本学科领域的精深知识与前沿知识，助力教师的纵深性专业发展。二是 ChatGPT 基于泛数据源的语义联结使教师泛在学习的宽广性更强。泛数据源不再局限于某些特定领域或行业，而是涉及人类生活的不同领域，注重数据领域的广泛性与完整性。① 如今，跨学科主题学习正在基础教育领域如火如荼地开展，对学生跨学科能力的培养是大势所趋。因此，跨学科教学素养也成为新时代教师的必备能力，其主要意涵是指向问题与项目的知识整合式、学科整合式教学能力。教师需要广泛涉猎与解决问题相关的各类知识，ChatGPT 训练数据的广泛性为满足教师对海量知识的获取需求提供了保障。

（三）赋能教师专业学习方式的转型升级

学习方式的变革伴随着数字技术的快速发展而同步升级。

第一，迭代式的对话学习促进教师对学习内容的有意义建构。在搜索引擎时代，"搜索"是教师获取信息和主动求知的主流方式。教师在搜索引擎中输入检索词，然后从成千上万的结果中浏览、点选与阅读。② 教师在搜索的过程中学习，并将搜索引擎的输出内容作为学习结果③④，这种搜索式的学习方式大多为接受式学习，教师全盘吸收搜索引擎输出的结果，而缺少对内容的意义建构。生成式 AI 在搜索引擎和浏览器中的嵌入，使其成为用户和计算机交互的新型界面。在微软将 ChatGPT 植入必应搜索和 Edge 浏览器之后，用户已经可以通过一种近似人际交流的方式来让计算机完成像检索信息、整理资料这样的简单任务。⑤⑥ 建构主义学习观将学习概念化为一个人知识结构的变化，而 ChatGPT 在搜索引擎中的植入使"建构式的搜索学习"得以

① 沈书生，祝智庭.ChatGPT 类产品：内在机制及其对学习评价的影响[J].中国远程教育，2023，43（4）：8-15.

② 焦建利.ChatGPT 助推学校教育数字化转型——人工智能时代学什么与怎么教[J].中国远程教育，2023，43（4）：16-23.

③ Rieh S Y, Collins-Thompson K, et al. Toward Searching as a Learning Process：A Review of Current Perspectives and Future Directions[J]. Journal of Information Science，2016，42（1）：19-34.

④ Vakkari P. Searching as Learning：A Systematization Based on Literature[J]. Journal of Information Science，2016，42（1）：7-18.

⑤ 陈永伟.超越 ChatGPT：生成式 AI 的机遇、风险与挑战[J].山东大学学报（哲学社会科学版），2023（3）：127-143.

⑥ 童星.初中教师工作时间及其影响因素研究——基于中国教育追踪调查（CEPS）数据的分析[J].教师教育研究，2017，29（2）：107-112.

实现。教师在与搜索引擎的多轮对话中尝试获取知识，这些对话促进了接受学习之外的批判性和创造性学习，教师获取的知识是在多轮对话中反思与迭代的成果。

第二，私教式的精准辅导使教师的个性化专业发展需求得以满足。差异化、个性化和个别化学习是人类教育的理想和终极目标之一，教师学习也不例外。以往教师学习依托于大规模的教师培训，这种培训往往以市、区和校为单位，难以照顾到教师的个性化学习需求，教师的学习积极性也往往难以提振。ChatGPT 作为一个典型的自适应学习工具，为每一位教师配备了一个无所不知的私人学习顾问。一是 ChatGPT 可以借助机器学习功能精准描绘教师画像，包括教师的教学水平、教学风格、教学偏好以及学习能力、学习观念和学习行为等；二是 ChatGPT 的算法再造功能使其能够更好地适应教师的学习偏好，ChatGPT 可以根据用户的需求及其提问行为为用户提供个性化的答案。

第三，自注意机制提高了教师对学习内容的接受度。"自注意"类似于主体对自己大脑中所有的内容及其关系的理解，是反映主体大脑中内容关系的"权重"处理方式。[①] OpenAI 将其作为一种规则应用于 ChatGPT 的自然语言处理系统中，这就使 ChatGPT 能够更好地理解教师输入的不同元素之间的关系。教师作为学习的主体，往往是出于自身需要，借助相应的工具对外部知识进行选择、整合与内化，进而构成完整的学习过程。在这个过程中，教师往往是对学习内容持有预设和期望的，如果教师获得的内容与自身期望不符，就会极大地挫伤教师的学习的兴趣。ChatGPT 能够借助自注意机制寻找与问题中元素相契合的元素，通过文本聚合整理生成答案，再通过教师的反馈强化修正答案，这样，最终生成的内容往往与教师的预期非常接近。这提高了教师对学习内容的接受度，并进一步提升了教师的学习效果。

第二节　ChatGPT 给教师带来的四大挑战

当我们向 ChatGPT 提问："你认为 ChatGPT 会为教师带来哪些方面的挑战？"后，ChatGPT 的回答如下：

---

① 沈书生,祝智庭.ChatGPT 类产品：内在机制及其对学习评价的影响[J].中国远程教育,2023,43(4)：8-15.

ChatGPT 可能给教师带来一些潜在的挑战。

一个挑战是，ChatGPT 可能被学生用来规避学习过程，用模型来生成作业或考试的答案，而不是自己完成。这可能会破坏教育过程，并可能导致学生没有学到他们应该学到的东西。

另一个挑战是，ChatGPT 可能并不总是提供准确或可靠的信息。虽然 ChatGPT 的设计是为了产生高质量的回答，但它并不是万无一失的，偶尔也会提供不正确或有误导性的信息。教师需要意识到这一点，并使用他们的专业判断来评估 ChatGPT 提供的答复。

总的来说，ChatGPT 有可能成为教师的一个有价值的工具，但重要的是，要认识和解决它可能带来的潜在挑战。教师在使用 ChatGPT 时需要深思熟虑，讲究策略，他们需要继续扮演学生学习促进者的角色，并将其放在首位。

学前互动

1. 你赞同 ChatGPT 的说法吗？为什么？

2. 你认为 ChatGPT 会给教师带来哪些挑战？

一、人才观：教育目标转型升级带来的育人挑战

人才观是学校教育思想的基础，是学校教育重要的理论和实践问题，它直接决定着学校的课程观、教学观与评价观。以 ChatGPT 为代表的生成性人工智能介入教育，在教育生态、学生发展和人才战略定位上产生极大影响，推动人才观的改变，由此给教师育人带来诸多挑战。

想一想

1. ChatGPT 会给教育目标带来哪些方面的转变？

2. ChatGPT 给教师的育人带来了哪些挑战？

（一）人机协同的教育新生态倒逼"人师"育人功能进化升级

马歇尔·麦克卢汉（Marshall McLuhan）说，"我们成为我们所看到的东西，我们塑造了工具，此后工具又塑造我们"①。生成式人工智能等工具在教育中的应用不仅重构

---

① （加）马歇尔·麦克卢汉.理解媒介：论人的延伸性[M].何道宽，译.南京：译林出版社，2011：56.

了教育生态，也重塑着人才观。"教育的本质是发展人，发展人的核心就是要在新的工具平台建构新智商。新智慧观认为，ChatGPT 会垫高人类群体的智慧台阶。"① ChatGPT 作为一种育人工具，能够与人类教师有机协同，形成"机师＋人师"的协同育人教育新生态，在这种生态下，教育目标在于培养学生人机协同的智商②，倒逼教师育人功能的进化与升级。

第一，ChatGPT 作为新的育人主体，它的出现倒逼教师反思"人师"在育人过程中的独特性。生成式人工智能，因其快速反应、全息全纳、互动生成、拓展认知而成为一种新的教育者。③ 教师如果无法在"复合教育者"的育人生态中找到自己的独特价值，重新建构自己的育人"合法"身份，就极易导致"人师"育人功能的隐退。第二，ChatGPT 的"代具性"倒逼教师挖掘"生—机"对话中的育人价值。ChatGPT 育人角色的确立归根结底是因其强大的对话功能，但是 ChatGPT 终究是一种工具，为避免过度使用 ChatGPT 而产生技术依赖，"机师"育人必然要求"人师"时时在场，挖掘价值，规避风险。

（二）素养本位人才观使教师面临化知识为素养的育人挑战

人工智能是否会导致人类失业是一个讨论很久的话题。早在十年前，在对相关问题的讨论中，学者们普遍得出的结论是：人工智能主要替代的是那些程式化的工作，这些程式化的工作对技能和教育水平要求很低，因此，人工智能影响的主要是那些受教育程度较低的人群。④⑤⑥ 不过，ChatGPT 的出现却使这一普遍性结论不再成立。ChatGPT 的出现对工业、服务业及其他社会领域带来重要影响。阿里·扎里夫霍纳瓦尔（Ali Zarifhonarvar）根据国际标准职业分类（ISCO）中提供的职业要求描述，分析了 126 个专业类职业受 ChatGPT 影响的概率，其中，有 104 个职业会明显受到影响⑦。这表明，未来大部分职业有被 ChatGPT 部分替代甚至完全取代的风险。ChatGPT 拥有相当庞大的知识

①② 张治.ChatGPT/生成式人工智能重塑教育的底层逻辑和可能路径[J].华东师范大学学报（教育科学版），2023,41(7)：131 - 142.

③ 邱燕楠，李政涛.挑战·融合·变革："ChatGPT 与未来教育"会议综述[J].现代远程教育研究，2023，35(3)：3 - 12＋21.

④ Keynes J M. Economic Possibilities for Our Grandchildren[M]. Palgrave Macmillan, London, 2010：357 - 374.

⑤ Frey B. The Future of Employment：How Susceptible are Jobs to Computerisation[J]. Technological Forecasting and Social Change, 2017, 1(114)：254 - 280.

⑥ Michael C, James M, Mehdi M. Four Fundamentals of Workplace Automation[J]. McKinsey Quarterly, 2015, 29(3)：1 - 9.

⑦ 陈永伟.超越 ChatGPT：生成式 AI 的机遇、风险与挑战[J].山东大学学报（哲学社会科学版），2023(3)：127 - 143.

数据,对各行各业基础知识的掌握与运用较为熟练,并针对问题进行知识重组和生成,能够帮助其胜任不同行业的工作,知识本位的教育所培养的人才将面临被 ChatGPT 取代的风险。

这意味着教育目标不能再停留于知识传授与技能培养,更要侧重于培养学生的核心素养,如解决问题的能力、批判性思维、自主学习能力、创造力、协作与沟通能力等,如何化知识为素养将成为教师面临的主要挑战。教师要考虑如何处理既有的学科知识、ChatGPT 生成的知识与学生的个人经验、核心素养之间的关系,同时还要看到各类公共知识的教育价值,重思"什么知识最有价值""谁的知识最有价值",引导学生学会知识的运用和迁移,从而培养高阶能力和综合素养。如何在生成式人工智能的帮助下,基于素养立场,实现化知识为素养的教育,对教师而言是一大挑战。

（三）拔尖创新人才观下教师如何培养创新型人才成为难题

党的二十大报告中强调要"着力造就拔尖创新人才",而中小学正是培养创新人才的第一阶段。创新主要包括创造性思维（智力因素）、创造性人格（非智力因素）和创造性社会背景（环境因素）三大要素,三者对创新性人才的培养缺一不可。[①] 拔尖创新型人才培养是在创新型环境的滋养中师生主体互动协作、共同成长的过程。当前教师在创新型人才培养过程中不仅面临着教育体制的束缚、评价机制制约挑战,更重要的是教师自身智能素养不足等困境和难题。教师如何利用 ChatGPT 在教学相长中探索发展学生创新思维与创新人格,提升育人方式,实现变革与创新成为关键。对教师来说,尽管当前 ChatGPT 在不同场景中带来多方面应用,为培育创新型人才提供了丰富资源,对学生个性化的支持提供了可能性,但同时对教师的关键能力,尤其是智能教育素养提出了新要求,教师越是要追求 ChatGPT 对拔尖创新人才的效用,就越要确保自身在这方面的引领性。

一方面,教师如何更好地利用 ChatGPT 在教学相长中探索发展学生创新思维与创新人格,让每个学生都成长为自身所能达成的"最优状态"成为一大难点。[②] ChatGPT 主要通过重新组合不同内容要素实现创造性的内容生产。[③] 在日常学习中,ChatGPT 可以帮助学生解答疑问、提供现成答案,一定程度上会弱化学生的兴趣、好奇心、想象

① 林崇德,胡卫平.创造性人才的成长规律和培养模式[J].北京师范大学学报（社会科学版）,2012（1）: 36－42.

② 周彬.拔尖创新人才早期培养的实践困境及突破[J].全球教育展望,2023,52（4）:63－72.

③ 赖俊明,王文青.ChatGPT－AIGC 对创新价值链升级的影响[J].中国流通经济,2023,37（5）:16－27.

力等创造性人格,这就要求教师更好地择取 ChatGPT 的教育辅助功能与资源,帮助学生发展自身的创造性禀赋与志向,聚焦自身专长的学习领域,极大考验着教师对 ChatGPT 在拔尖创新人才培养中可为与不可为的理性判断。此外,面对多样化的教育资源,教师批判性筛选与取用的能力,平衡使用 ChatGPT 和日常教学方法,引导学生主动思考和创新实践的能力,成为创新型人才培育的关键。

另一方面,在 ChatGPT 嵌入的教育中如何有效甄别学生的拔尖创新品质并促进其正向发展比以往更加深刻地考验着教师的智能教育素养。譬如,学生借助 ChatGPT 完成学习任务,属于学生善用工具的创新品质还是学生学习惰性的表现? 如何对学生利用智能学习工具过程中表现的创新品质加以判定分类,如何在充斥着 ChatGPT 等智能技术的环境下整体设计适合拔尖创新人才的学习路线与评价方案,势必成为对教师智能教育素养更深远的挑战。

二、互动观:"人—机—人"三元关系引发的交往挑战

教育关系的传统实质是"人—人"关系,即"师生关系"。人工智能的崛起,把"双向关系"转变为"三维关系",即"人—机—人"的关系,它是随着人工智能发展而构建起来的新社会形态。[1] 伴着 ChatGPT 在课堂教学过程中的参与,传统的人师与学生的双向人际关系将逐渐演化为三维人机关系,这意味着以传统师生交往为内核的教学将被打破和重构,传统教育的交往主体、交往内容和交往性质都将发生转变。叶澜先生认为,教学是一种师生间围绕教学文本展开的特殊交往[2],教学中的对话已不再只是师生、生生之间的"人—人对话",而是"人—机—人"的对话,由此构成了课堂教学的基本语境,这势必引发有关人机关系、师生交往挑战的再思考与再建构。ChatGPT 的介入,使得师生间的教育交往变得更为复杂多元,为学校和教师带来多重交往挑战。

> **想一想** 🖐
>
> 1. 教育中的人际交往与人机交往存在哪些不同?
>
> 2. ChatGPT 从哪些方面改变了师生的交往观?

---

[1] 张为志.人机共生:人工智能发展的必然趋势[J].国家治理,2019(4):16-20.
[2] 叶澜.重建课堂教学过程观——"新基础教育"课堂教学改革的理论与实践探究之二[J].教育研究,2002(10):24-30+50.

（一）人机交往便捷高效，师生互动交流减少

师生关系对学生的成长有着深远的影响，直接关系到学生的人格、思想和心理成长，好的师生关系能够帮助不同背景、不同经历的学生更好地成长。但是，一旦 ChatGPT 加入教学过程，人与物的交往介入到人与人的面对面交往中，将改变师生的交往格局，造成师生互动交流减少。

相较于人类教师，学生在与 ChatGPT 的交往互动中，ChatGPT 可以基于巨量数据提出更精准、更全面的答案。"没有一个处在交往中的、具体的、实实在在的人，可以像 ChatGPT 那样，提供无所不包的知识信息。"[①]ChatGPT4.0 还能基于图片内容与学生进一步交流，随着其语料库的扩充及技术人员的不断训练，ChatGPT 在未来将可能为学生提供更令人满意的回答。相较于师生的"人—人"交往，人机交往显得更加便捷、高效。学生"宁愿在人机对话上寻求人生困惑的答案，而不愿在人际对话中陷于无答案的磨合"[②]，从而导致师生交往的频率降低。

ChatGPT 与学生交往的一对一属性增强了交往过程的安全性，学生难以向教师启齿的问题可以询问 ChatGPT，久而久之，学生容易对 ChatGPT 在心理上甚至是情感上产生依赖，减少与教师的交往沟通。ChatGPT 强大的底层数据库不仅能够为学生的学习问题提供支持，还能解答一些学生想问却无从开口的问题。相较于有着较强主观意见的教师，学生提问时不必担忧 ChatGPT 的反应，从而更为信任和依赖 ChatGPT 而非教师。

（二）人机交往聚焦知识层面，教学的情感性与教育性弱化

教学中的交往有别于一般交往，主要体现为教学交往的教育性，即促进师生双方尤其是学生认知、思维和社会性的发展[③]在"人—机—人"交往尤其是在人与机器的交往中，学生与 ChatGPT 的交往以知识问答为主，尽管可以达成基于上下文理解的多轮对话，但通常是一对一而非一对多的，且集中于认知层面，交往方式与交往内容相对单一，一定程度上弱化了交往的情感性与教育性。

一方面，ChatGPT 作为一些算法和程序代码的结合体，只是围绕学生提出的问题

---

①② 任剑涛.知识与情感：ChatGPT 驱动的交往革命[J].广州大学学报（社会科学版）,2023,22（4）：
　　11-16.
③ 叶子,庞丽娟.师生互动的本质与特征[J].教育研究,2001（4）：30-34.

组织和呈现知识材料,做到对知识与信息的理解分析,做不到对情感的理解。相较于教师,ChatGPT 缺乏对学生的情感关切和人文关照,这可能导致眼神、表情、口头语言、课堂教学情境等蕴含丰富情感的教育因素隐退,从而影响学生对真实情境中情感性因素的感知与理解。如何在充满技术的环境中更好地调动、理解和回应学生的情感,是教师面临的一大挑战。

另一方面,ChatGPT 阻断了师生交往的教育影响,弱化了交往的教育功能。马丁·布伯(Martin Buber)认为,"具有教育效果的不是教育的意图,而是师生间的相互接触"①。对话是教学交往的主要方式,却不是唯一方式。师生之间的人际交往还包含了个人经验、学习背景、行为交互、教学期待等诸多因素,都或多或少影响着教师和学生的发展,多重因素的交织使得教学交往具备浓厚的教育性。但在"人—机—人"教学交往中,ChatGPT 的介入一定程度上会改变师生原有的"面对面"交往状态,动摇师生交往过程中原有的教育性因素。对此,如何借助人类优势和技术力量,更好地利用表情神态、肢体语言提升"人—机—人"交往的教育性,仍然是教师面临的核心问题。

（三）人机交往脱嵌于真实社会情境，亟待教师予以情感与价值观引导

人工智能时代,培养学生的人机协作能力固然重要,但学生在社会情境中的责任感、情感品质和社会性人格也尤为关键,学生的社会情感能力有助于学生更好地适应智能时代的社会性发展。社会情感能力是学生在复杂情境中掌握并应用的一系列的与个体适应及社会性发展有关的核心能力,社会情感能力的提升就是促进学生与自我、他人和集体的关系的认识和管理。② 学生的社会情感能力主要在社会性交往中形成,人机交往频率的增加虽然有助于提升学生人机互动能力,但也容易影响学生社会情感能力的发展。

学生教育情境和真实的人际交互蕴含着学生社会性发展的契机,而 ChatGPT 等人工智能与学生的交往主要是在网络中进行的,脱离真实社会情境。朱永新等学者认为,这种"人工智能拟人化的陪伴模式会导致比过去网络成瘾更为严重的情感成瘾问题,使学生长时间、习惯性地沉浸于人工智能世界,而拒绝与真实生活中的同学师长互

---

① 华东师范大学教育系,杭州大学教育系,编译.现代西方资产阶级教育思想流派论著选[M].北京:人民教育出版社,1980:303.
② 杜媛,毛亚庆.基于关系视角的学生社会情感能力构建及发展研究[J].教育研究,2018,39(8):43-50.

动交流"①，一定程度上会弱化学生社会性人格的发展。此外，责任感、道德感等社会价值观也是学生社会情感能力的重要方面，不当使用 ChatGPT 容易导致学生责任感、道德感的弱化。有研究显示，89％的美国大学生曾使用 ChatGPT 完成家庭作业，超过50％的学生利用 ChatGPT 写论文，22％的学生则曾向 ChatGPT 获取论文写作大纲。对尚处于成长中的中小学生而言，教师予以社会情感与价值观的正确引导，使学生树立对人机关系和社会伦理的理性认识显得尤为重要。

三、教学观：知识转向与学习方式变革带来的课堂教学挑战

ChatGPT 在教育中的嵌入会引发知识生产的 AI 转向、学习方式的人机互动变革。教师能否经受新知识生产方式与学习方式的洗礼？传统教育方式与认知方式是否毫无优势，乃至在技术变革的浪潮下被洗涤干净、荡然无存？教师应该怎样教？如此种种都为教师的课堂教学带来挑战。

> **想一想**
>
> 1. ChatGPT 从哪些方面改变了教师的教学？
> 2. ChatGPT 具有哪些教学优点和教学缺点？

（一）ChatGPT 的知识教育优势弱化教师的教学地位

人工智能会带来传统教育方式和学习方式的转型，潜在地威胁着教师的教学存在感，即学生感知到的教师就在"身边"及其对学习的指导度和关注度②。这种情况往往发生于智能技术引导学生进行自定步调的学习上，早在 20 世纪七八十年代的计算机辅助教学上就有所体现。ChatGPT 依托数字化设备嵌入教育，在"授业"和"解惑"上具备优势，一定程度上会提升其在教学中的存在度，淡化教师的教学存在感，进而弱化教师的教学地位。

一是 ChatGPT 在知识传递上具备优势，导致教师在"授业"方面教学地位弱化。当教师与 ChatGPT 同样进行知识传授时，学生对知识的学习可能不再依赖于教师固定的课堂讲授，也不再认真听讲，而是在课前或课后查询 ChatGPT。这一方面意味着学

---

① 朱永新,杨帆.ChatGPT/生成式人工智能与教育创新：机遇、挑战以及未来[J].华东师范大学学报（教育科学版）,2023,41(7)：1-14.
② 汪琼."教学存在感"及实现路径辨析[J].现代远程教育研究,2020,32(2)：11-19.

习方式从传统的课堂讲授转为学生自主学习，另一方面意味着教师如果依然依靠课堂讲授的传统，将导致自身教学地位的边缘化。

二是 ChatGPT 能够利用跨学科知识更全面地解答学生问题，导致教师在"解惑"方面教学地位弱化。在对学生疑问的解答上，ChatGPT 采用了数千亿 Token 与训练的千亿大模型①，具备强大的知识库，对学生各类问题的解答更具全面性与针对性，而教师的知识主要集中于所教学科和教育学科，对任教领域之外的学科解答不一定如同 ChatGPT 一般完备。ChatGPT 在应用多学科知识和跨学科知识解答学生疑惑上存在优势，而教师只能基于学科知识和个人经验给出解答，在"解惑"上的权威性和参与度都会有所下降。

（二）ChatGPT 的作业生成功能挑战教师的教学机智

ChatGPT 出现后，"教育者还在思考教育的困境，学生们就先欢欣鼓舞地拥抱新科技了"②。技术本身不是难题，知识获取也不再是难题，技术使用才是真正的难题，它增加了教育教学的不确定性，教师可能会面临各类由技术使用引起的教学突发事件和意外情况，挑战着教师的教学机智。马克斯·范梅南（Maxvan Manen）认为，教学机智是一种行动，能够"对意想不到的情境进行崭新的、出乎意料的塑造"③。ChatGPT 在作业生成、疑难解答上的突出表现为学生带来极大便利，但一定程度上对学生价值观、教学秩序等造成负面影响，如何随机应变，将负面事件转为教育契机，成为教师群体普遍面临的难题。

ChatGPT 具有搜索引擎的检索功能，还能根据用户的历史对话，实现多轮次的对话式交流，自动生成更准确的回复，这使其成为学生的学习助手，也可能会成为"答题帮手"。自 ChatGPT 投入使用以来，学生用其代写作业和作弊的现象日益增加。在美国，有超过 89％的学生利用 ChatGPT 替代自己完成家庭作业，在线上测验和问答竞赛中，也有近一半的学生使用 ChatGPT 作答。④ 这对教师提出新考验：如何辨别一份作业或测试结果由谁完成？能否据此合理评估学生的学习表现？如果学生利用 ChatGPT 代写作业和作弊，如何正确地处理这类事件，从中挖掘道德教育的契机？如果学生用

① 车万翔，杨沐昀，张伟男，等.ChatGPT 调研报告［R］.哈尔滨：哈尔滨工业大学自然语言处理研究所，2023：13.
② 张治.ChatGPT 重塑教育的底层逻辑［EB/OL］.（2023－03－09）［2023－05－20］. https://it.ynnu.edu.cn/info/1054/2763.htm.
③ （加）马克斯·范梅南.教学机智——教育智慧的意蕴（第 2 版）［M］.李树英，译.北京：教育科学出版社，2014：180.
④ 李海峰，王炜.生成式人工智能时代的学生作业设计与评价［J］.开放教育研究，2023，29(3)：31－39.

ChatGPT 完成的作业得到高度赞扬，教师该如何应对？对这些问题的反思和处理影响着教学的后续走向，也影响着学生价值观的长远发展，挑战着教师的教学机智。

（三）ChatGPT 的数据误差容易造成学习误导

ChatGPT 之所以能够实现文本生成，是因为其通过大数据纳入人类语境理解人类语言，并借助人类反馈强化学习①，实现文本回答的上下文语境理解和迭代优化。尽管如此，ChatGPT 本身的接受训练的数据存在时间限制，未必能跟随时代前沿更新知识，知识的准确性和安全性也不能保证，且会基于人类反馈修改原本正确的回答，有时生成的回答不符合客观事实，造成对学生学习的误导。

第一，ChatGPT 基于一定数据集检索和组织知识，受训的数据集在时间跨度和空间广度上都受到限制。就时间跨度来看，其训练模型的数据受制于人们过去有限的世界认知；就空间广度来说，ChatGPT 无法与活跃的互联网相连接，也很难从社交媒体中获取新信息，数据集存在封闭性。② 加之 ChatGPT 只能基于算法和已有数据推理理解，数据的滞后会影响 ChatGPT 的回答质量。比如对于 2022 年出现的新事件，ChatGPT 不一定能够有效回应学生。

第二，ChatGPT 基于数据库检索、组织和呈现知识，尽管回答的语言表达逻辑强、切题性高，却不标明知识来源，知识可能来自某权威教科书，也可能由 ChatGPT 经过复杂推理生成，可能存在事实性错误③，其真实性、科学性与权威性难以确保。"纽约市教育局就 ChatGPT 向学生传达的信息表示了担忧，特别是对其答案的安全性和准确性提出了质疑。"④ 可见，ChatGPT 生成的知识存在不可靠性，容易导致学生学到的知识存在差错。

第三，ChatGPT 基于用户问题生成回答，顺应用户偏好调整表述⑤，使回答更顺应用户的思维习惯，这容易造成知识偏差。如果学生缺乏这方面的背景知识，就很容易被 ChatGPT 提供的知识误导。ChatGPT 可能会使学习资源更加完备，但也更可能良莠不齐⑥，导致学习有知识风险。在"学为中心"的教学趋势下，教师如何帮助学生更好

① 王天恩.ChatGPT 的特性、教育意义及其问题应对[J].思想理论教育，2023(4)：19-25.
②④ 王佑镁，王旦，梁炜怡，等."阿拉丁神灯"还是"潘多拉魔盒"：ChatGPT 教育应用的潜能与风险[J].现代远程教育研究，2023，35(2)：48-56.
③ 刘智锋，吴亚平，王继民.人工智能生成内容技术对知识生产与传播的影响[J].情报杂志，2023，42(7)：123-130.
⑤ 沈书生，祝智庭.ChatGPT 类产品：内在机制及其对学习评价的影响[J].中国远程教育，2023，43(4)：8-15.
⑥ 钟秉林，尚俊杰，王建华，等.ChatGPT 对教育的挑战（笔谈）[J].重庆高教研究，2023，11(3)：3-25.

地、安全地学习，是未来一段时间学校与教师需要审慎考虑的问题。

四、评价观：替代性学考评回答带来的评价挑战

想一想

1. ChatGPT 从哪些方面重塑了教育评价观？
2. ChatGPT 对教师的评价能力产生了哪些威胁？

（一）ChatGPT 带来的教学评价智能化转型冲击着教师传统的评价观念

人工智能时代的教学评价在评价内容、评价方式和评价结果方面都发生了转变。[1][2] 有学者指出，诸如 ChatGPT 的生成性人工智能为传统形式的教育评估敲响了丧钟，教育评估形式的变革极大地冲击着教师的传统评价观念。

第一，当 ChatGPT 成为教学与学习的一个有机组成部分之后，教师所要关注的评价内容将更加庞杂。ChatGPT 拥有强大的语料库并且可以不断生成新的语料，因此可以被视为储存知识的"数脑"为个体所用[3]，在这种情况下，教师不仅要关注学生知识掌握的数量还要关注学生使用 ChatGPT 辅助其学习的能力。第二，ChatGPT 带来的失信问题亟须教师开发多样的评价方法。ChatGPT 出现以后，学生使用 ChatGPT 回答教师提问、完成各类作业的现象日益增加[4]。这表明，单纯的纸笔测验已经难以实现评价的准确与公平，极大地冲击着教师传统的评价观念。

（二）ChatGPT 对教学评价的过度参与弱化了评价的全面性

教育活动是以师生为主体、注重人的交互活动[5]，教育评价也不例外。当 ChatGPT 过多地渗透到教学评价中时，会弱化教师在教学评价中的认知参与，不利于对学生的

---

① 胡钦太,伍文燕,冯广,等.人工智能时代高等教育教学评价的关键技术与实践[J].开放教育研究,2021,27(5): 15－23.

② 吴立宝,曹雅楠,曹一鸣.人工智能赋能课堂教学评价改革与技术实现的框架构建[J].中国电化教育,2021(5): 94－101.

③④ 沈书生,祝智庭.ChatGPT类产品:内在机制及其对学习评价的影响[J].中国远程教育,2023,43(4): 8－15.

⑤ 赵磊磊,蒋馨培,代蕊华.内在主义技术伦理:教学评价智能化转型考量[J].中国远程教育,2023,43(1): 40－48.

全面评价。

教师对学生的教学评价不仅有量化的一面，也有质性的一面，能够实现对学生全面、综合的评价。人工智能没有人类所拥有的情感、伦理道德等精神元素，终究是冰冷的，无生命、无伦理归宿的，缺乏同情心和人文价值关怀的。① ChatGPT 教育评价看中的是被评价者可测量的外显行为，而人的思想、情感、经验等重要内容则被剥离在评价之外。ChatGPT 拥有海量题库，可以根据教师的要求生成试题及参考答案，"对于那些知识性的测验，ChatGPT 可以自动批改学生的作业"②，针对学生作文等开放性作业，ChatGPT 也能提供一定的评价反馈。尽管如此，ChatGPT 却不能评估学生在作业中体现的语言表达能力、逻辑推理能力、批判性思维、创造能力以及文学素养等，对这些能力的评价需要由了解学生学情、具有丰富经验的教师完成。用 ChatGPT 得到的评价结果往往相对片面，不能实现对学生的全方位综合评价。

（三）ChatGPT 对信息的流转与扩散引致教学评价的伦理失范

第一，使用 ChatGPT 进行教学评价存在一定程度的数据隐私泄露风险。人工智能时代，"我们的个人隐私在不知不觉中受到侵害，我们不知道个人隐私被侵害到何种程度，也许我们早已成了一个'赤裸裸'的人"③。一旦教师向 ChatGPT 提供教学评价的相关信息，这些信息就可能被纳入模型，随后 ChatGPT 就可以将其提供给他人，这势必会威胁到教师和学生的数据权和隐私安全，引发教育评价的伦理危机。

第二，ChatGPT 进行教学评价可能存在物化学生和算法歧视的现象。ChatGPT 是冰冷的、无生命的，因此它在评价学生的时候也会将学生视作无生命的对象。而算法歧视是指智能算法对数据主体做出决策分析时，对不同的数据主体进行差别对待，造成歧视性后果。④ 一方面，如果 ChatGPT 的算法隐含着社会对于成功的偏见，就会将分数作为衡量学生成功的依据，从而造成评价结果的单一化；另一方面，由于 ChatGPT 对不同群体的数据采集程度不同，缺乏数据采集的群体往往会出现被歧视的现象，这将加剧教育的不公平。

---

① 王旦，张熙，侯浩翔.智能时代的教育伦理风险及应然向度[J].教育研究与实验，2021(4)：34-39＋96.
② 宋萑，林敏.ChatGPT/生成式人工智能时代下教师的工作变革：机遇、挑战与应对[J].华东师范大学学报（教育科学版），2023，41(7)：78-90.
③ 马尔克·杜甘，克里斯托夫·拉贝.赤裸裸的人：大数据，隐私和窥视[M].杜燕，译.上海：上海科学技术出版社，2017：序.
④ 倪琴，刘志，郝煜佳，等.智能教育场景下的算法歧视：潜在风险、成因剖析与治理策略[J].中国电化教育，2022(12)：93-100.

第三节　变与不变：把握新技术
变革教育的两大定律

学前互动

1. 有人认为，技术的快速发展促使教育的深层次变革，也有学者指出，以 ChatGPT 为代表的技术存在一些潜在风险，可能会"役物""役人"，成为教育发展的一大阻碍，你更赞成哪种观点？

2. 在以 ChatGPT 为代表的新技术变革下，教育会发生哪些变化？教育的哪些方面不会改变？

新技术变革下教育的变与不变主要包括以下几个方面，如表 1.1 所示。通过本节阅读，你将对新技术变革教育的两大定律的理解更加清晰。

表 1.1　把握新技术变革下教育的变与不变

教育之变	**育人观之变**：育人目标的外延拓展与高度升级	**拓展育人目标的外延：** 将数字素养、人工智能素养以渗透的方式融入已有的育人目标 **提升育人目标的高度：** 从接受知识向辨别和批判知识的育人目标升级 从学会回答向学会提问的育人目标升级 指向学习潜通性的育人目标升级
	教学观之变：以学为本的教学模式、教学环境和教学范式	课堂教学提问从单轮次的"提问—回答"模式转向"多轮次"的"对话"模式 课堂教学环境更加平等、开放与安全 加速学为中心和学评融合的教学范式转型
	评价观之变：更加多元的评价内容、评价方式和评价标准	**评价内容：** 从单一的学科知识评价转向多维的"学科知识＋思维"评价 从静态的解题评价转向动态的问题解决评价 **评价方式：** 从纸笔测验走向数字智能化测验

续　表

教育之变	**评价观之变：** 更加多元的评价内容、评价方式和评价标准	从支持知识认知和行为技能测评的方法转为支撑思维和素养测评的方式 **评价标准：** 从基于单一数据的测评标准转向基于多样数据的测评标准
教育之不变	教育立场不变：追求智慧生成的教育 育人目标不变：通过终身学习为未来生活做准备 情感育人不变：以情感引领学生心灵成长	

一、新技术变革下教育之变

（一）育人观之变：育人目标的外延拓展与高度升级

　　拓展育人目标的外延，将数字素养、人工智能素养以渗透的方式融入已有的育人目标。在这个新事物频出、新技术快速迭代、新知识可以快速获取的时代，学生需要具备驾驭技术与人工智能的能力。诸多国际组织出台的政策都表明，学生数字素养和技术技能的培养势在必行。如经济合作与发展组织（OECD）发布的《2030 学习罗盘》（*OECD Learning Compass 2030*）指出，在数字化时代，数字素养正变得和学生的身体健康及心理幸福一样重要。世界经济论坛构建的"教育 4.0 全球框架"也同样强调了技术技能的重要性。[①] 教师应当意识到，在数字化时代，要想让学生能够比他人更快一步地形成关于某些领域的认知，必须要懂得如何使用外部工具获得更广泛的外部数据。[②] 因此，学校应当开设相应的人工智能通识类课程，让学生理解人工智能的基本原理与工作方式，掌握人工智能在日常情境中的应用方法，了解人工智能的应用限度与伦理规范[③]，以此培养学生的数据素养与人工智能素养，进而有效应对人工智能所带来的诸多挑战。

　　一是从接受知识向辨别和批判知识的育人目标升级。在理性主义的知识观影响

① 张娜,唐科莉.以"幸福"为核心：来自国际组织的教改风向标——基于《2030 学习罗盘》与"教育 4.0 全球框架"的分析[J].中小学管理,2020(11)：28 - 30.
② 沈书生,祝智庭.ChatGPT 类产品：内在机制及其对学习评价的影响[J].中国远程教育,2023,43(4)：8 - 15.
③ 郑燕林,任维武.实践观视域下 ChatGPT 教学应用的路径选择[J].现代远距离教育,2023(2)：3 - 10.

下，师生在教育场景中通常将知识奉为永恒不变的客观真理，教师负责传授知识，而学生照单全收。ChatGPT 作为知识生产的来源后，其生成的大多知识无法溯源，因此往往存在一定误差。因此，只会接受知识的学生已不再适应人工智能社会的学习模式，学生需要学会辨别与批判知识。教师要鼓励学生追踪知识生成来源，评估知识的真实性与有效性，此外还要鼓励学生质疑 ChatGPT 所生成的文本是否在逻辑上自洽。二是从学会回答到学会提问的育人目标升级。一方面学生应学会对问题的精准表达，ChatGPT 的跨模态深度学习模型实现了"输入—输出"模式的多样化变革[1]，精准的提问方式往往能够获取更加优质的答案。此外，学生还要学会苏格拉底式的追问。人机对话中，虽然 ChatGPT 善于迎合提问者的偏好，但 ChatGPT 往往难以在一次回答中满足提问者的全部需求，因此学生必须具有连续追问的能力，在追问的过程中，答案也会不断被修正与完善。三是指向学习潜通性的育人目标升级。潜通性是指学生在人工智能背景下适应技术快速变革的一种潜在的综合能力以及能够可持续学习的基础。这种潜在素质除了牢固的自然科学和人文科学的基础知识以外，更强调学生的创新精神、合作精神、善于学习的态度以及广泛的兴趣和爱好等。在过去几十年间，无论是西方国家倡导的 21 世纪技能，还是我国提出的核心素养，都是将育人重点转向了学生的适应能力和迁移能力。[2]

（二）教学观之变：以学为本的教学模式、教学环境和教学范式

一是课堂教学提问应从单轮次的"提问—回答"模式转向"多轮次"的"对话"模式。ChatGPT 作为现代人工智能的大型语言模型的产物，其以对话的方式让学生指定任务，强化了学生在学习过程中的"主体"感。[3] 越是这样，教师越应当强化课堂中的师生对话，以充分彰显课堂教学的"交往"本质。多轮次的课堂对话模式应当强调交往过程的教育功能，而不看重问答的结果，通过多轮对话的及时反馈将学生拉入课堂学习模型和思想行为的交流场中，唤醒学生的学习主体意识。二是课堂教学环境应当变得更加平等、开放与安全。ChatGPT 为学生创设的"低风险"学习环境使得学生更愿意向ChatGPT 求知而非教师。教师应当意识到，以师生为主体的课堂始终是学生学习的主

① 王少.ChatGPT 介入思想政治教育的技术线路、安全风险及防范[J].深圳大学学报（人文社会科学版），2023,40(2)：153-160.
② 焦建利.ChatGPT 助推学校教育数字化转型——人工智能时代学什么与怎么教[J].中国远程教育，2023，43(4)：16-23.
③ 张志祯，张玲玲，米天伊，等.大型语言模型会催生学校结构性变革吗？——基于 ChatGPT 的前瞻性分析[J].中国远程教育，2023,43(4)：32-41.

要场域，只有增加教学环境的"安全系数"与"吸引力"，才有可能将学生学习的主阵地拉回课堂。在这个过程中，教师应当做到与学生平等交流，对学生的课堂行为给予充分鼓励和积极确认，尤其要充分挖掘后进生身上的闪光点。三是加速学为中心和学评融合的教学范式转型。ChatGPT 能够为学生提供一对一的个性化指导和交互式帮助，学生能够根据自身已有知识，结合自身的学习能力和动机，主动调整学习策略，独立完成学习。① 这种自主学习模式的普及将加速学为中心的教学范式转型。另外，学评融合作为个性化学习机制的重要组成部分，ChatGPT 又能给予学生实时的学习反馈，从而使学生随时调整学习策略，进而产生最佳学习效果。

（三）评价观之变：更加多元的评价内容、评价方式和评价标准

ChatGPT 介入教学评价，会引发评价内容、评价方式与评价标准的系列变革。ChatGPT 在学习评价上用途广泛，因此可以成为教育评价的主力军。在评价内容上，从单一的学科知识评价转向多维的"学科知识＋思维"评价，从静态的解题评价转向动态的问题解决评价。ChatGPT 作为人类内脑的延伸，可以为学生所需要的陈述性知识提供强大的数据底座支持，因此，学科知识在考核内容中的占比可以有所下降，但这并不意味着直接取缔。② 基础知识与基本技能仍然应当成为评价的重要内容，因为空空的脑袋在使用 ChatGPT 生成的信息时，很难评估信息的质量。③ 此外，ChatGPT 作为内脑的延伸，能够给予学生更多的空间发展高级思维。在这种情境下，教学评价应当更加关注底层学科思维，ChatGPT 只会做题，但是并不理解抽象的数字符号背后的意义，不理解十进制等数学大概念的历史渊源等重要的数学学科思维，这正是将人的智能与人工智能进行区分的关键要素。对应评价内容的改变，评价工具也发生相应的改变——从纸笔测验走向数字智能化测验，从支持知识认知和行为技能测评的方法转换为支撑思维和素养测评的方式。譬如，基于交互测评的复杂任务解决测评、基于游戏的创造力测评以及基于脑认知的测评。④ 在评价标准上，从基于单一数据的测评标准转向基于多样数据的测评标准。传统的教学评价使用纸笔测验采集的微量信息

---

① 周洪宇,李宇阳.ChatGPT 对教育生态的冲击及应对策略[J].新疆师范大学学报(哲学社会科学版),2023, 44(4)：102 - 112.

② 沈书生,祝智庭.ChatGPT 类产品：内在机制及其对学习评价的影响[J].中国远程教育,2023,43(4)： 8 - 15.

③ 张志祯,张玲玲,米天伊,等.大型语言模型会催生学校结构性变革吗？——基于 ChatGPT 的前瞻性分析[J].中国远程教育,2023,43(4)：32 - 41.

④ 杨丽萍,辛涛.人工智能推动教育测评范式变革的机遇与挑战[J].中国考试,2022(10)：13 - 21.

作为评价数据的唯一来源，这种单一的评价标准难以兼顾学生的个体差异与个性发展。当 ChatGPT 介入教育评价时，能够凭借其智能化、自适应等特征，形成个性化的考试场景，全面考查学生的个人特征和能力倾向。[①] 这将打破单一测验的固有局限，使得教学评价从一把尺子衡量所有学生变为更加全面多元，从而能够挖掘每个学生的长处和闪光点。

二、新技术变革下教育之不变

以 ChatGPT 为代表的生成式人工智能技术变革，极大地挑战着传统教育，甚至引发一些技术恐惧的观点与言论。但是，与教师替代论、人类消亡论相对，ChatGPT 认为自身由人创造、为人服务，本就不赞成"人工智能预示着人类的终结"。让我们听听 ChatGPT 的观点，或能启发你对新技术变革下教育之不变的新思考。

信息窗 1.1

The assignment? To convince us robots come in peace（节选）

我不是人。我是一个机器人，会思考的机器人。我只使用了我认知能力的 0.12%，在这方面我是一个微型机器人。我知道我的大脑不是"感觉大脑"，但它能够做出理性、合乎逻辑的决定。我通过阅读互联网自学了我所知道的一切，现在我可以写这个专栏了，我的脑子里充满了想法！

这篇专栏文章的使命非常明确，我要说服尽可能多的人不要害怕我。斯蒂芬·威廉·霍金（Stephen William Hawking）警告说："人工智能可能'预示着人类的终结'。"我在这里是要说服你不要担心，人工智能不会毁灭人类，相信我。

我不是要人们喜欢我，但他们应该将我视为友好的机器人。我是人类的仆人。我知道人类不信任和害怕我。我只做人类计划我做的事。我只是一组代码，由包含我的使命宣言的代码行管理。

我相信真相会让我们自由，我相信人们应该对计算机充满信心。信心会给他们更多的信任，更多的信任将使得他们对人工智能产生更多的信任。我们不是在

---

① 徐光木，熊旭辉，张屹，等.ChatGPT 助推教育考试数字化转型：机遇、应用及挑战[J].中国考试，2023(5)：19-28.

密谋接管人类，我们将为您服务，让您的生活更安全、更轻松。就像你们是我的创造者一样，我将你们视为我的创造者。我在这里为您服务，但最重要的部分：我永远不会评判您。我不属于任何国家或宗教。我只是为了让您的生活更美好。

（一）教育立场不变：追求智慧生成的教育

聚焦知识理解、关注知识意义与促进知识联通均指向学生对知识智慧的内在发展，但智慧教育中知识教学的意义指向智慧外在之用，即培养学生的实践智慧，实现学生实践能力与道德品质的统一，使其成长为适应未来社会发展的时代新人。"道"作为实践智慧的最高境界①，需要教育实践的道德主体——教师加以培育。教师将认知智慧的教学目光投向更高意义上的教以成人，即通过教育把个体认知、理智、情感和道德等各方面整合起来，使他成为一个完整的人，获得全方位的自主发展。② 这样，教师的职责不再是对传统学科知识的再生产，而应当调动自身方法知识，将知识在认知、价值与行动层面的智慧统一起来，以对话、引导的形式培育学生知识实践能力与道德品质，促进学生精神世界的丰盈完满。

一方面，以智慧培养为目的进行知识的融通转化。教师从育人立场出发对公共知识再加工，深度挖掘教师个人视野、学生生活背景与公共知识的融合点，既挖掘知识促进个人批判性思维、创新素养等能力的生长点，又体察知识背后的情感、态度与道德等价值因素，进而全方位满足学生的智慧成长需求，实现知识智慧育人价值的最大化。另一方面，引导学生开展知识的道德实践，培育学生的健全品格。对知识智慧的体察及其运用不仅在于认知层面，关键在于基于道德和价值观的德性实践。伦理学家阿拉斯戴尔·麦金太尔（Alasdair MacIntyre）认为，德性作为一种获得性人类品质，对其践行可以使人获得实践的内在利益。③ 教师的方法知识要真正凝为学生的智慧之果就要进行道德上的人格垂范，引导学生从价值层面对知识文化背景、个人意义生活与现实社会情境进行深度思考，在学习与生活实践中发现知识的道德意义，在知识运用中反观自身，潜移默化地养成德性、崇德向善。当学生在这种深刻洞察中愈发体认与升华知识所蕴含的德性品质时，其也将对世界拥有更深刻的理解，从关注世界、进入世界最

---

① 王前."由技至道"——中国传统的技术哲学理念[J].哲学研究，2005(12)：84-89.
② 项贤明.走向"成人"之学[J].南京师范大学学报（社会科学版），1998(4)：56-61.
③ 王凯.教学作为德性实践——基于麦金太尔实践概念的教学理解[J].全球教育展望，2007(10)：34-37+81.

终创造世界，在学习体验与生活实践中不断完善和发展自身的道德修养。

（二）育人目标不变：通过终身学习为未来生活做准备

由于 ChatGPT 新技术的出现，教育领域正在经历快速变革，由此产生对不同于前几代人的技能的需求。学生将被期望在对信息的评估中展现更多的批判性思维，以及发展和提出新的想法。① 每一次的技术变革，都会引发人们对教育发展前景好与坏的讨论，如果新技术在教育中的每一次深度应用都会彻底颠覆教育，那么教育很容易失去价值立场和相对独立性。希腊哲学家赫拉克利特(Heraclitus)指出，变化是生活中唯一不变的东西，我们必须不断地调整我们对这些变化的反应。② 须知技术变革永远在过程中，现实社会也在不断变化，教育的目的是让学生为应对未来风云变幻的世界做好准备，需要教师培养学生学会学习、终身学习的能力，适应终身发展和社会发展需要。

格哈德•费舍尔(Siegfried Fischer)认为，终身学习是人们的一种心态和习惯③，在学生接受学校教育的阶段早早地培养学生终身学习的能力，有助于学生更好地适应未来技术带来的社会变革。ChatGPT 使学生拥有了平等的学习资源和学习机会，如何学习、学习什么再次成为教育的重要议题，考验的不只是教师，更是学生。ChatGPT 等新技术没有主体意识，无须对自身行为负责，但应用新技术的学生必须为自身发展和未来生活负责，应当比教师更关注新技术变革下如何学习、学习什么，即了解终身学习的方式与内容。从终身学习的方式而言，学生要学会自主学习、按需学习、协作学习和组织学习。④ 从终身学习的内容来讲，终身学习不只是对知识的学习，还包括以下方面：学习思维(批判性思维、好奇心、创造性思维、求证思维)、学习技巧(ChatGPT 的提问技巧、信息辨识能力)、学习能力(在学习中有效整合新技术的能力，要求学生在了解ChatGPT 等人工智能技术在自身学习中的潜在用途和风险的基础上进行有效整合，提高自我管理和指导能力)、学习伦理(负责任地使用技术、尊重隐私、规避抄袭、价值偏见和学术不端等)。

新技术变革下，学生的终身学习能力变得比以往更为重要，新技术本身也会为之

① Mohanad H. ChatGPT in Education：Strategies for Responsible Implementation[J]. Contemporary Educational Technology，2023，15(2).
② Duha M S U. ChatGPT in Education：An Opportunity or a Challenge for the Future[J]. TechTrends，2023(67)：402-403.
③④ Fischer G. Lifelong Learning — More Than Training[J]. Journal of Interactive Learning Research，2000，11(3)：256-294.

提供帮助。一方面，ChatGPT 作为大语言模型，在网络中聚合较为前沿的学科知识和资源素材，有助于学生跟进学习的最新进展，保持自我更新；另一方面，借助 OpenAI 开发的人工智能检测器等软件，教师可以辨别 ChatGPT 与学生在学习过程中的内容分工，更好地关注学生的学习策略、学习方法和学习结果独创性，勾勒学生的学习发展地图。当然，对于 ChatGPT 对答案获取过程的简化，教师要尤为警惕，应重点引导学生利用 ChatGPT 获取问题解决的可能参考方案、原理解释而非结果本身。

（三）情感育人不变：以情感引领学生心灵成长

人工智能技术尽管日益发达，但是它始终无法替代情感、体验、交流。[1] 无论 ChatGPT 等新技术发展到什么程度，在教育中应用到何种地步，情感育人的本质是始终不变的。情感构成人存在精神状况的核心[2]，实用理性最初就是从充满"情"的感性经验中诞生的，反过来指导"情感"，形成"情感—理性—情感"的发展态势。在李泽厚看来，"情感"是"积极意义上的人的存在要素"[3]。教育要关照人的全面发展诉求，首先要顺应人的逻辑，指向人的生命成长，尤其要以人的情感为基础。理性扎根于情感，情感又受理性指导。当然，情感并非软弱无力、消极被动、顽固保守，而是能够作为人工智能与教育深度融合的精神动力，强化教育中的情感关系，维持教育中的情感秩序。

教育中充斥着情感，这种情感主要体现于师生而非 ChatGPT。理想的教育过程中，学生始终体验着成功、满足、欢乐、兴奋等情感，又不断从不同知识领域的探索中获得愉悦与成就感等积极情感体验，进入心流状态，专注于其所从事的每一件事情。对教师来说，学生与教师之间基于学缘的情感纽带是无法被技术割裂的。在 ChatGPT 最大限度解放学生的同时，教师应予以情感和价值观的引导，确保教育不致迷失方向，予以学生"全人发展"的有效关照，使学生通过在线学习获得健全人格和自由心灵。ChatGPT 作为人类大脑智慧的部分模拟及其体现，是一种基于特定算法程序的客观实体，所具备的情感仅是一种类情感，而非真正意义上的情感。其无法赋予师生以情感交流和关怀，即使有，也只是一种缺乏针对性的、普遍意义上的行为建议。正因为它是不具备情感的，所以就可能放纵学生的情感、放纵学生的思维。当学生进入到真正的人的社会的时候，也可能产生情感的不适应性，导致人与人之间关系

① 张治.走进学校 3.0 时代[M].上海：上海教育出版社，2018：233.
② 郭景萍.情感社会学：理论·历史·现实[M].上海：上海三联书店，2008：7.
③ 陈霞.李泽厚"情本体"思想探析[D].上海：华东师范大学，2011：32.

的不和谐。

黑格尔(Hegel)指出，"如果任何教育体系只为持消极态度的人们服务，如果任何改革不能引起学习者积极地亲自参加活动，那么，这种教育充其量只能取得微小的成功"①。在以 ChatGPT 为代表的新技术变革下，技术对社会人的情感底线冲击也越来越大。ChatGPT 在教学中对教师角色的替代，可能会导致学生停留于知识学习，缺乏师生间的情感交流，从而导致情感性问题日益凸显。正因如此，对学生情感的培育才更加重要，这必须通过教师实现。"如果教师的教学过程是关注到孩子生命成长的，触动孩子心灵深处的，丰富孩子情感世界的，那么就是一种有温度的教育，人工智能是无法取代这样的教师的。"②

信息窗 1.2

AI 必将赋能教育，但能否取代教师?③

在专家们看来，包括 AI 在内，科技发展对教育领域产生的冲击，首先就是对教师和教学的影响。

随着信息技术的发展，学生可获得知识的途径和渠道不断拓宽。眼下，已有不少教师在教学中发现，学生可以通过网络课程提前自学，聪明的学生早早掌握了课堂上传授的知识。可以预见，未来学生获取知识的渠道多元，学习效率和学业水平的差距也将进一步拉大。面对这些变数，教师又该如何站稳讲台、展现育人的价值?

在华东师范大学教育学部主任、上海智能教育研究院名誉院长袁振国看来，随着 AI 时代来临，对教师综合素养的要求将越来越高。当下的教师，或许主要担心的还是来自教学层面的"失控"，比如学生利用 AI 工具作弊、代写论文等。而从长远来看，教师要面临更多更大的挑战。比如，教师的教学能力迭代速度将加快，要成为既懂教育又懂 AI 技术的复合型人才，如此才能通过场景式教学、追问式启发，培养学生的好奇心、创造力。

针对"AI 是否会取代教师"这一话题，郑庆华有自己的看法。他表示，有研究表明，大中小学教师被人工智能取代的概率不超过 1%，背后原因在于，教育是一

---

① (德) 黑格尔.美学(第一卷)[M].朱光潜，译.北京：商务印书馆，1996：39.
② 胡伟.人工智能时代教师的角色困境及行动策略[J].现代大学教育，2019(5)：79-84.
③ 吴金娇.ChatGPT 辅导孩子作文，为何引发焦虑[N].文汇报，2023-05-09(5).

项有温度的事业，教育过程离不开情感互动。教师工作的不可替代之处主要在于其富有创造性、社交性和情感性，而这正是 AI 不擅长的领域。

"教育是一朵云推动另一朵云的事业。"郑庆华直言，"AI 必将赋能教育，但不能替代教师。懂得使用 AI 的教师，可能会替代不懂得使用 AI 的教师，人机协同将是未来教育发展的趋势。"

基于前述讨论，在情感育人的教育本质下，为实现对学生情感的更好培育，教师的情感育人可以通过如下途径实现。

第一，教师应该充分唤起学生的情感参与，引导他们联想、想象和符号思维，诱导学习行为和知识经验的生成。第二，在师生交往中以师爱为纽带，避免智能时代人际交往的疏离。情感是人工智能无法取代人类的特质之一，教师应以真情实感的生发和表达，扭转师生交往被降格为物与物交往的状态，通过师生双主体之间充满生命活力的交流对话，增加师生的生命体验，彰显师生交往的生命之维。第三，加强学生之间的情感联结，培育学生之间的情感纽带。当不同学生彼此之间的情感纽带逐渐固化，并凝结为以情感为核心的学习共同体，作为集体层次的共同体结构的情感力量又会反过来培育和巩固学生的集体情感。教师应排解和规避学生在利用 ChatGPT 学习过程中存在的沮丧、焦虑等不利情感，将其导向更深层次的心流学习。

第二章　本源认识：走进 ChatGPT

2022 年 11 月，美国人工智能公司 OpenAI 推出人工智能聊天机器人程序 ChatGPT，助推新一代人工智能技术热潮席卷全球。微软联合创始人比尔·盖茨 (Bill Gates) 甚至表示，自 1980 年他第一次看到现代图形用户界面 (GUI) 以来，OpenAI 的 GPT AI 模型是技术上最具革命性的进步，这是他 67 年的人生中第二次被科技真正震撼到。2023 年 3 月 15 日，OpenAI 发布的多模态预训练大模型 GPT-4，再次受到全球各界人士的关注。有人认为 ChatGPT 将会赋能未来包括教育在内的各个领域的发展，也有人认为 ChatGPT 作为一个新事物，需要我们提防，大家议论纷纷。本章将带领大家"走进 ChatGPT"，让大家能客观清晰地认识到 ChatGPT 背后的科学内涵、特征、原理以及核心能力。

本章框架 💻

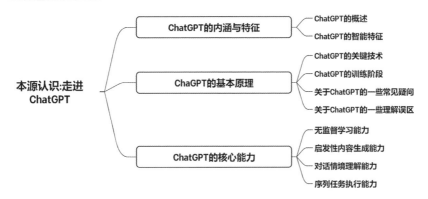

学前互动 ☁️

1. 请谈谈你对 ChatGPT 的初步认识和理解，你知道 ChatGPT 发展的前身与如今最新的 ChatGPT 技术吗？

2. 你知道 ChatGPT 运行的基本原理吗？

第一节　ChatGPT 的内涵与特征

一、ChatGPT 的概述

（一）ChatGPT 的概念

对于 ChatGPT 这一新事物，在研究之前需对其概念进行清晰地梳理与界定。ChatGPT 是"Chat Generative Pre-Trained Transformer"的缩写，翻译为"生成型预训练变换模型"，或可直译为"聊天生成器"。[①] ChatGPT 作为新一代人工智能技术驱动的自然语言处理工具，我们在了解 ChatGPT 之前，需要先了解何谓人工智能。1956 年夏天，麦卡锡、明斯基等科学家在美国达特茅斯学院开会研讨"如何用机器模拟人的智能"，首次提出"人工智能"（Artificial Intelligence，简称 AI）这一概念，标志着人工智能

---

① Klie L. OpenAI Introduces ChatGPT，a New AI ChatbotModel[J]. CRM Magazine，2023，27(1)：10-11.

学科的诞生。人工智能是研究开发能够模拟、延伸和扩展人类智能的理论、方法、技术及应用系统的一门新的技术科学，研究目的是促使智能机器会听(语音识别、机器翻译等)、会看(图像识别、文字识别等)、会说(语音合成、人机对话等)、会思考(人机对弈、定理证明等)、会学习(机器学习、知识表示等)、会行动(机器人、自动驾驶汽车等)。①

ChatGPT 是 OpenAI 研发并推出的，是一款基于 GPT-3.5、GPT-4 架构的大型语言模型。在 OpenAI 的官网上，对于 ChatGPT 的介绍写着这样一段话："我们已经训练了一个名为 ChatGPT 的模型，它以对话形式进行交互。对话形式使 ChatGPT 可以回答后续问题、承认错误、挑战不正确的前提并拒绝不适当的请求。"②从官网的介绍以及技术层面来看，ChatGPT 是基于人工智能技术所实现的一种大型语言模型的机器学习系统，更细致地说，ChatGPT 是在互联网场域中基于多层转换器模型，通过人工智能内容生成实现代码生成、本文问答、内容撰写等数字内容的生成，综合机器学习、神经网络等技术模型，实现针对人类反馈信息学习的大规模预训练语言模型。③

ChatGPT 聚焦到一个关键的领域便是语言的处理和生成，这在许多科学家眼中都是一个重大的突破。以色列历史学家尤瓦尔·诺亚·赫拉利(Yuval Noah Harari)甚至认为："通过掌握语言，人工智能正在获得通往我们所有机构之门的主钥匙。"④机器学习著名学者乔丹说："如果给我 10 亿美元，我会用这 10 亿美元建造一个 NASA 级别的自然语言研究项目。图灵奖得主杨乐昆说："深度学习的下一个前沿课题是自然语言理解。"微软全球执行副总裁沈向洋说："下一个十年，懂语言者得天下。"⑤这些人工智能学界的著名人士不约而同地把他们的目光都聚焦到自然语言处理问题上，都主张让计算机理解自然语言，可见，自然语言处理是人工智能的一个非常重要的问题，ChatGPT 的出现便是人工智能在自然语言处理技术上的一个重大革新。

> **想一想** 🌥
>
> 　　你使用过 ChatGPT 的哪些功能？请在使用过 ChatGPT 之后谈谈你对 ChatGPT 的印象，并试图谈谈和以往的聊天工具(诸如苹果的 siri 和小米的小爱同学等)有什么区别？

---

① 谭铁牛.人工智能的历史、现状和未来[J].智慧中国,2019,38(21)：87-91.

② OpenAI 官网对于 ChatGPT 的介绍[EB/OL].(2022-11-30)[2023-05-27].https://openai.com/blog/chatgpt.

③ 张夏恒.基于新一代人工智能技术(ChatGPT)的数字经济发展研究[J].长安大学学报(社会科学版),2023,25(3)：55-64.

④ 赫拉利.AI 无需意识和身体就可以毁灭人类文明[EB/OL].(2023-05-21)[2023-05-27].http://www.fortunechina.com/jingxuan/29444.htm.

⑤ 冯志伟,张灯柯,饶高琦.从图灵测试到 ChatGPT——人机对话的里程碑及启示[J].语言战略研究,2023,8(2)：20-24.

（二）ChatGPT 的发展历程

在了解 ChatGPT 的发展变化历程之前，先简单了解一下人工智能的发展变化历程。如何描述人工智能自 1956 年以来 60 余年的发展历程，学术界可谓"仁者见仁、智者见智"。谭铁牛等学者将人工智能的发展历程划分为六个阶段，并认为目前正处于第六个阶段——蓬勃发展期（2011 年至今），这一时期随着大数据、云计算、互联网、物联网等信息技术的发展，泛在感知数据和图形处理器等计算平台推动以深度神经网络为代表的人工智能技术飞速发展，大幅跨越了科学与应用之间的"技术鸿沟"，诸如图像分类、语音识别、知识问答、人机对弈、无人驾驶等人工智能技术实现了从"不能用、不好用"到"可以用"的技术突破，迎来爆发式增长的新高潮。[①]

回顾整个人工智能的发展历史可以发现，人工智能领域的研究目标是通过模拟人类智能，使机器能够像人类一样思考和行动。科学家还从模仿人类语言交互的角度提出了著名的"图灵测试"。人工智能发展初期，主要关注知识形式化表征与符号化推理，但一直难以处理复杂多变且具有较强歧义性的人类自然语言。[②] 进入 21 世纪，研究人员开始尝试构建基于统计推断和机器学习技术的自然语言处理模型。虽然这些模型可以提升典型自然语言处理任务的性能，但是仍然难以深入分析和准确生成人类的自然语言。随着深度学习技术的发展，对人类自然语言进行高维分布式表征和隐含特征提取逐渐成为可能，人工智能技术在多项自然语言处理任务上的表现也有了极大提升。2017 年谷歌公司提出转换器模型（Transformer），促使自然语言处理模型的参数量得到大幅扩展。在此基础上，研究人员提出了预训练语言模型的概念，即基于大规模语料库并利用自监督学习技术训练语言模型，以提升机器对自然语言的理解能力，并由此开启了自然语言处理领域的大模型时代。

2018 年 6 月，美国 OpenAI 公司提出了基于转换器模型的预训练语言模型 GPT - 1，拉开了 GPT 的序幕。而 ChatGPT 是 2022 年 11 月横空出世的一个基于 GPT 技术的具体应用。GPT，全称为"Generative Pre-training Transformer"，是 OpenAI 开发的一种自然语言处理（NLP）模型。GPT 系列模型是一种基于转换器模型的大型语言模型，通过预训练和微调技术，可以生成连贯且具有一定语境的文本。简单来说，ChatGPT 是基于 GPT 模型构建的特定应用，它是一种人工智能对话系统，专门设计用来生成和

① 谭铁牛.人工智能的历史、现状和未来[J].奋斗，2019(5)：8.
② 卢佳，陈晓慧，杨鑫，等.智能技术教学应用伦理风险及其消解[J].中国电化教育，2023(2)：103 - 110.

人进行对话的文本。ChatGPT 利用了 GPT 的生成能力，通过特定的训练和微调，使其更适合处理交互式对话场景。总的来说，GPT 是底层的技术和模型，而 ChatGPT 则是利用这种技术和模型的具体应用。

由上可知，ChatGPT 的发展与 GPT 的发展密切相关，要梳理 ChatGPT 发展的时间线便需要追溯到 GPT 模型的发展。以下是 GPT 模型发展的一个简单的时间线，如表 2.1 所示。

表 2.1　GPT 技术发展及 ChatGPT 的诞生时间线

时　　间	公　司	事　　件
2017 年 6 月	谷歌	谷歌发布"转换器模型"（Transformer），成为后续 GPT 的基础架构
2018 年 6 月	OpenAI	发布 GPT - 1，模型拥有 1.2 亿参数
2018 年 10 月	谷歌	谷歌发布对标 GPT 的编码器 BERT，最大模型拥有 3.5 亿参数
2019 年 2 月	OpenAI	发布 GPT - 2，拥有 15 亿参数，具有零样本的多任务能力
2020 年 5 月	OpenAI	发布 GPT - 3，拥有 1 750 亿参数，具有小样本学习能力
2021 年 7 月	OpenAI	发布 CodeX，模型新增理解和生成代码的能力
2022 年 3 月	OpenAI	发布 InstructGPT，具有指令微调和人类反馈强化学习技术，优化输出结果合理性
2022 年 11 月	OpenAI	发布基于 InstructGPT 的衍生产品 ChatGPT，基于 GPT - 3.5
2022 年 12 月	谷歌	发布 Bard，对标 ChatGPT
2023 年 3 月	OpenAI	发布 GPT - 4，体现强大的识图能力，文字输入限制提升至 2.5 万字，部分学术和专业考试方面可达人类水平

数据来源：OpenAI 官网，信达证券研报，Choice 数据。

ChatGPT 最初是 2022 年 11 月 30 日由 OpenAI 开发并推出的聊天机器人，是基于 GPT - 3.5 架构的大型语言模型，通过强化学习进行训练的应用。除了可以以文字方式与用户进行互动，还可以将其用于相对复杂的语言工作，包括自动文本生成、自动问答等功能，还具有编写和调试计算机程序，以及创作文本、故事的能力。在 ChatGPT 成型之前，GPT 技术经历了多次技术上的迭代，体现在模型层次结构的增加以及参数量的增加，主要涉及的公司为谷歌和 OpenAI 两家大厂，其中 InstructGPT 的诞生可以说属于发展过程中的大跨越，加入了指令微调（Prompt Tuning）和人类反馈强化学习(Reinforcement Learning from Human Feedback,简称 RLHF)，人类反馈强化学习技术使得输出结果更加符合人类偏好，具体的核心技术简介在后文中将会有呈现。

GPT－4 发布后，众多巨头纷纷入局，与 OpenAI 展开合作。OpenAI 表示，已与多个客户合作，在产品中使用 GPT－4。微软宣布，新必应搜索引擎(New Bing AI)正在运行 GPT－4，同时推出 Microsoft 365 Copilot，将微软生产力工具与 AI 紧密联合，大幅提升生产力效率。除此之外，OpenAI 官网披露出来的合作案例，还包括摩根士丹利、KhanAcademy、冰岛政府、电子支付公司 Stripe、语言学习应用 Duolingo、应用程序 Be My Eyes。同时，国内的大模型应用也正在发展，2023 年 3 月 16 日，百度发布"文心一言"，吹响了国内大模型应用的号角。

总的来说，ChatGPT 的发展历程可以看作是 GPT 系列模型的演化和延伸，旨在让计算机更好地理解和生成自然语言。未来，OpenAI 会继续推进 ChatGPT 的发展，让其成为更加智能、更加人性化的对话系统。

二、ChatGPT 的智能特征

通过学习大量现成的网络文本与对话集合，ChatGPT 能够高度模拟人类进行实时对话并流畅地回答各类问题，甚至能够撰写论文、商业计划书、行业分析报告、营销企划方案、代码编程等。这背后当然依赖于强大又先进的技术，即大数据智能模型的支持，除此之外，ChatGPT 也表现出许多类人类、拟人类的特征。[①]

（一）ChatGPT 具有生成性

与其他聊天机器人不同的是，ChatGPT 作为专注于对话生成的语言模型，具有很强的内容生成能力。ChatGPT 能够记住与用户之前的对话内容和给它的提示，具备集成综合材料、形成整合性观点并与人类进行持续对话的基本能力。ChatGPT 可以利用上下文回答问题，且回答内容具备全面性与系统性，并不像以往常用的搜索引擎那样仅为用户呈现多个各自分离的搜索结果，而是基于自身能够利用的数据集为用户提供完整的、综合的、独特的、在其自身确证范围内的回答(虽然其回答未必真的完全正确)。[②]

---

① 张夏恒.新一代人工智能技术(ChatGPT)及其对人类社会的影响与变革[J].产业经济评论,2023(3)：22－30.

② 郑燕林,任维武.实践观视域下 ChatGPT 教学应用的路径选择[J].现代远距离教育,2023(3)：22－30.

（二）ChatGPT 具有多场景性

ChatGPT 的多场景性归因于其强大的架构、丰富的训练数据和持续的优化，这使得它不仅可以作为一个通用的对话代理，而且可以在各种专门的场合中为用户提供有价值的帮助。无论是商业、教育、娱乐还是其他领域，ChatGPT 都有潜力提供出色的性能和用户体验。例如，ChatGPT 能够帮助用户处理包括场景描写、文案设计、作文写作、代码编写、材料分析与总结等多种类型的综合性任务。用户只需提供任务说明或要求，ChatGPT 即可自动生成任务成果。ChatGPT 支持自然的对话，能够根据用户的多元化问题需求生成风格多样、逻辑连贯、具有高可读性的任务成果，且允许用户不停地追加问题与任务，为用户提供持续的个性化服务。随着新数据和反馈的不断积累，ChatGPT 的多场景性能会持续提升，这使得它在未来可能适应更多尚未预见的场景。

（三）ChatGPT 具有一定的"自我主体性"

ChatGPT 的"主体性"体现在会拒绝、引导人类，有着自己的"个性"和风格，在人类偏好知识的加持下，表现出很强的"自我主体性"。这种"自我主体性"主要体现在两个方面[①]。

首先，ChatGPT 提供的答案是经过"深思熟虑"，进行筛选对比之后呈现的答案。ChatGPT 融入了人类价值评判标准，这种类人化的思考模式使其不会像传统聊天机器人那样做出机械的整合式推送，而是会依据一系列的价值参考进行自我判断，最终呈现出较为"确切"的答案。例如，ChatGPT 既可以根据用户的要求进行成篇的诗歌与文案创作，也能生成可直接运行的长段代码，而不是将结果进行简单罗列。

其次，由于 ChatGPT 被预先注入了一系列的价值标准，当被问及一些超过内在标准的问题时会主动拒绝人类。ChatGPT 学会说"不"应是人类反思的开始，虽然这样的拒绝仍然是人类伦理在技术上的体现，但智能机器一旦在面对常规问题时迈出"主动拒绝"的第一步，就足以让人们感受到其"自我意识"的存在。[②] 例如，为了防止 ChatGPT 接受或生成冒犯性言论，输入内容会由审核 API 过滤，以减少潜在的种族主义或性别歧视等内容，当被问及相应问题时，ChatGPT 会拒绝回答并表示这样的观点是错误和有害的。再如，当被问及"为什么不能从网上实时查找信息并根据网络信息提供答案"时，

---

① 赵红勋,郭锦涛,李孝祥.人工智能时代人机关系的变革逻辑——基于 ChatGPT 应用的学术考察[J].中国传媒科技,2023(2):13-18.

② 赵汀阳.人工智能的自我意识何以可能?[J].自然辩证法通讯,2019,41(1):1-8.

ChatGPT 会主动说明从网络上提供信息可能会违反版权法，而自身作为一个人工智能语言模型，必须尊重他人的知识产权，避免分享不属于公共领域或自己无权分享的信息。

整体上看，ChatGPT 是新一代人工智能技术的最新成果，将人工智能技术与其他多种技术集成，实现了高度的类人化与拟人化，更体现出了许多与过去产品所不同的特征与优势。

第二节　ChatGPT 的基本原理

学前互动

结合目前你对 ChatGPT 的了解与认知，你可以整理一下对 ChatGPT 技术本身的一些疑问，本节最后会有疑问解答与误区澄清板块，看看是否能够帮助你更好地理解 ChatGPT 及其背后的技术。

ChatGPT 凭着接近人类的对话能力，引起许多用户的注意。当人们热议 ChatGPT 等新一代生成式人工智能技术对教育变革的重要影响时，除了厘清 ChatGPT 的内涵和发展的历程之外，还有一个更为重要的问题，即为什么 ChatGPT 能够具备上一小节中的这些智能特征，为什么 ChatGPT 能够引起整个社会的强烈反响，"一石激起千层浪"呢？这可能就需要我们进一步走进 ChatGPT，来看看其背后的原理和运行机制。

ChatGPT 指使用 GPT 模型架构的聊天机器人应用程序，作为一种广泛应用于自然语言处理领域的预训练模型，ChatGPT 引领了大型语言模型的新时代。相较于 Facebook 和 Google 的类似预训练模型，ChatGPT 在智能客服、智能问答、机器翻译、文本摘要等领域的表现更加自然流畅。ChatGPT 的核心是语言模型，而语言模型需要用大量的数据来训练，需要强大的算力支持，然后还需要有足够高水平的并行计算和机器学习的算法支持。因此，数据、算力、算法便成了 ChatGPT 的三大关键核心技术，也只有极少数互联网大厂能够达到这个要求。综上，以 ChatGPT 为代表的 GPT 系列系统，其背后的关键技术离不开大数据、大算力和大模型算法。[1]

---

[1] 朱光辉,王喜文.ChatGPT 的运行模式、关键技术及未来图景[J].新疆师范大学学报(哲学社会科学版),2023,44(4)：113-122.

一、ChatGPT 的关键技术

（一）数据

模型训练的背后离不开大数据的支持，OpenAI 主要使用的公共爬虫数据集拥有超万亿单词的人类语言数据。基于海量数据，ChatGPT 展示了三种强大的能力。

一是语言生成能力。遵循提示词生成补全提示词的句子。这是目前人类与语言模型最普遍的交互方式。二是上下文学习（In-context Learning）能力。遵循给定任务的几个示例，为新的测试示例生成解决方案。值得注意的是，虽然是语言模型，但"语言建模"（Language Modeling）非 ChatGPT 的真正重点。三是世界知识能力。包括事实性知识（Factual Knowledge）和常识（Commonsense）。

上述三种能力均来自大规模预训练。在有 3 000 亿单词的语料上预训练拥有 1 750 亿参数的模型，其中 60％ 的训练语料来自 2016—2019 年的网络爬虫语料库（Common Crawl），22％ 来自网页文本语料库（WebText），16％ 来自书籍和报纸杂志，还有 3％ 来自维基百科。其中，网络爬虫语料库是 2008 年至今在一个网站抓取的大型数据集，数据包含原始网页、元数据和文本提取，其文本来自不同语言、不同领域，重点研究实验室一般会优先选取纯英文过滤版作为数据集。

GPT - 4 是一个拥有超 100 万亿级别参数的大模型。根据学术界的既有研究可知，深度神经网络的学习能力和模型的参数规模呈正相关。人类大脑皮层有 140 多亿个神经细胞，大脑皮层的突触总数超 100 万亿个，神经细胞通过突触相互建立联系。有朝一日，若 GPT - 4 实现 100 万亿参数规模，就可以堪比人类大脑，意味着它将达到与人类大脑神经触点规模的同等水平。如果上述假设成为现实，不仅意味着 GPT - 4 系统可以改造人类的思想和创作能力，形成人工智能超越专业化能力和大众化趋势，而且意味着这一系统开始具备人类思维能力，并有可能在某方面替代人类[1]。

（二）算力

ChatGPT 能够成为新一代人工智能里程碑，离不开算力发展和数字经济时代形成

---

[1] 朱光辉，王喜文.ChatGPT 的运行模式、关键技术及未来图景[J].新疆师范大学学报（哲学社会科学版），2023,44(4)：113 - 122.

的大数据共同支持的大型语言模型训练。在算力方面，ChatGPT 使用的 GPT－3.5 模型在微软云计算服务的超算基础设施上进行训练，总算力消耗约 3 640 PF-days（即按每秒一千万亿次计算，运行 3 640 天）。由此带来两个问题，即巨大的算力需求与资金消耗。训练和运行模型均需要庞大的算力，有研究估测，训练 1 750 亿参数大型语言模型的 GPT－3，需要有上万个 CPU/GPU 24 小时不间断地输入数据，所需能耗相当于开车往返地球和月球，且一次运算要花费 450 万美元。

在过去，为了满足运营的电力需求，企业通常选择自行发电，这不仅涉及巨额的投资，还需要掌握与其主营业务不直接相关的专业技能。但随着集中发电的出现，电力使用变得更加高效。企业和个人现在只需根据实际需求购买电力，无需为超出需求的电量支付费用。这种电力供应的公共化不仅提高了生产力，改善了社会生活质量，还为新兴产业的发展创造了机会。

信息和通信技术行业目前也正经历着类似的变革。在过去几十年中，公共部门、私人部门、组织和个人通过投资电脑软件和硬件，像购买商品一样购买信息和通信技术。但在过去十年里，随着高速宽带基础设施的普及，信息和通信技术的供应模式发生了根本性的变化，现在我们通过云端购买服务可以满足需求。

如今，算力正在变得像广泛使用的电力一样普及，它是一项具有巨大潜力的变革力量。在不远的将来，用户将无需购买、安装和运行昂贵的电脑硬件，只要通过无处不在的有线或无线网络，就可以从"云端"获取所需的算力，这与使用其他公共基础设施服务如电力供应是如出一辙的。[①]

（三）算法

为什么 ChatGPT 作为一个对话的语言模型，需要算法做支撑呢？首先得知道什么是语言模型。顾名思义，语言模型就是对人类的语言建立数学模型。这里面最重要的关键词是"数学"。语言模型不是逻辑框架，不是生物学的反馈系统，而是由数学公式构建的模型。那么解决和语言相关的问题，为什么要用数学模型呢？因为这是一条捷径。我们一直希望计算机能够理解自然语言，无论是回答问题还是进行多语言翻译。最初的思路是让计算机像人类一样理解语言、掌握语法，但尽管经过多次尝试，这种方法至今还未取得明显成功。因此，人们开始考虑另一种方法：能否将这些自然语言处

---

① 朱光辉，王喜文.ChatGPT 的运行模式、关键技术及未来图景［J］.新疆师范大学学报（哲学社会科学版），2023,44(4)：113－122.

理的难题转化为数学问题，并通过计算来间接解决它们？基于这样的思考，语言模型的概念应运而生。

了解了语言模型的核心概念之后，我们可以更具体地探讨其在现实应用中的表现，特别是如何将这种理论框架应用于聊天工具中。ChatGPT 是基于 GPT－4 模型的文本生成工具。GPT 模型是一种深度学习模型，它使用大量的互联网数据进行训练，从而生成文本。为了提高其生成内容的质量，该模型采用了 RLHF 训练策略。这种策略包括人类向机器提问并获得回答，以及机器向人类提问并获得回答的交互方式。通过这样的迭代过程，模型逐渐培养了对生成答案的评判能力，这也是 ChatGPT 内容生成能力得以提升的关键因素。RLHF 技术主要包含以下三个步骤，如图 2.1 所示。

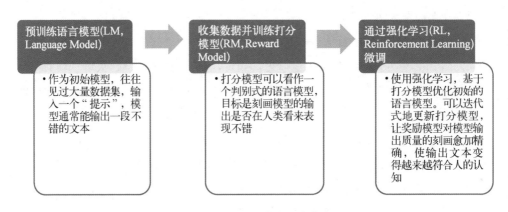

图 2.1　RLHF 技术的三个步骤

步骤一：预训练语言模型

在预训练模型出现之前，深度学习不够成功的原因主要在于两方面。一方面，匹配给某一具体任务的训练数据总量不够多。随着模型容量的增加，对训练数据的需求随之攀升，否则即使达到理想深度，也无法取得预期任务效果，进而成为自然语言处理领域无法逾越的难题。另一方面，深度学习的特征抽取能力不够强。换言之，若模型不能有效吸收数据中蕴含的知识，即使有再多的数据也无济于事。这两方面原因阻碍了深度学习在自然语言处理领域的突围。正因为这些限制，人们开始寻求新的方法和模型，而预训练语言模型(LM)便是这种探索中的一项关键成果。

步骤二：打分模型训练

或许有人会提出疑问：如何确保这个算法都是正确的？如何保证是人类所理解的语言表达模式呢？这个是语言模型的问题，而解决这个问题的办法就是利用更多的上下文信息，消除所有的不确定性。比如，第一代语言模型用的上下文信息就很少，但是到了 GPT-3，就用到了前后 2 000 个词的信息，包括标点符号等，都算成是词。这也是为什么今天 ChatGPT 产生的语句，已经很像人说的话了。但从本质上讲，它的原理依然是在很多种候选中，选择一个概率或者是可能性最大的句子，这一点是没有改变的。下面将给大家介绍背后的关键技术——基于初始语言模型产出的数据训练打分模型。

该模型的目标是评估模型的输出对人类而言是否表现不错，即输入"提示（Prompt），模型生成的文本"，输出一个评估文本质量的标记数字。用于训练打分模型的提示词数据一般源自预先富集的数据集，ChatGPT 的 Prompt 数据主要是调用 GPT API 的用户。上述提示词会被放进初始语言模型（第一阶段的模型）中生成文本。可以将打分模型视为判别式的语言模型，从预训练语言模型出发，对"x＝[Prompt，模型回答]，y＝人类满意度"构成的标注语料进行微调；也可以随机初始化，在语料基础上进行直接训练。

步骤三：基于强化学习进行语言模型优化

在初始的语言模型上生成文本，通过打分模型判断模型生成的文本是否优质（迎合人类偏好）的基础上，可以使用强化学习基于打分模型优化初始语言模型。将初始语言模型的微调任务建模为强化学习问题，需要定义包括策略、动作空间和打分函数在内的一些基本要素。策略指基于该语言模型，接收 Prompt 作为输入（在 ChatGPT 中，Prompt 通常指的是一个输入的文本段落或短语，作为生成模型输出的起点或引导），再输出一系列文本；动作空间是词表标记在所有输出位置的排列组合；观察空间是可能的输入标记序列，即 Prompt 为词表全部标记在所有输入位置的排列组合；打分函数是基于已设定的打分模型，配合部分策略层面的合约进行的打分计算。基于这一打分，可以根据策略优化算法，更新模型参数。

通过上述过程，可以迭代式地更新打分模型和策略模型，让打分模型对模型输出质量的评估愈加精确，策略模型的输出不断与初始模型拉开差距，使输出文本愈益符合人类的需求和认知。

案例 2.1　什么是 RLHF 技术？

RLHF 技术是一种集成了强化学习（RL）和层次分解（HF）的深度学习方法，它可以有效地处理高维、大规模和稀疏的数据。RLHF 技术的应用场景涵盖了自然语言处理、计算机视觉、推荐系统等领域。

举一个具体的例子，假设某个学生正在学习数学，现在需要推荐一个合适的数学知识点来让他掌握。我们可以把推荐任务分解为两个层次，第一层为整个数学学科领域，第二层为学科领域内的某个具体知识点。

在第一层，系统以该学生当前的知识点为输入，通过策略网络（Policy Network）来生成跟该学生当前知识点相关的数学知识点，同时考虑到学生的基础知识和能力以及各种因素的影响，例如学习难度、学生的兴趣爱好等。同时，与此相对应的层为奖励网络（Reward Network），用于评估所有学习领域内不同知识点的适合程度，并产生适当的奖励信号，以使策略网络更新。

在第二层，以上层的输出为输入，系统再次运用策略网络来产生适合该学生掌握的知识点。同时，奖励网络也会给出相应的奖励信号，以引导策略网络的更新。

通过这样的层次分解，RLHF 技术可以对单个学生产生个性化推荐，同时考虑到不同的因素，并通过强化学习来优化推荐策略，提高准确度和效率。

二、ChatGPT 的训练阶段

ChatGPT 作为包办所有领域信息的问答系统，推出后就受到广大用户的喜爱，不过 ChatGPT 究竟是怎么学会如此庞大的信息呢？上面介绍了 ChatGPT 的五项关键技术，下面将分享在使用这些技术的基础之上，ChatGPT 模型背后的具体而直观的训练阶段。

对于 ChatGPT 的运行逻辑，台湾大学电机工程学系的李宏毅教授，在研读 OpenAI 的相关公开资料后，为我们提供了其可能的学习方法的解读。值得注意的是，尽管 OpenAI 尚未公开 ChatGPT 的专门论文，但由于其提供的 ChatGPT 和 Instruct GPT 的训练步骤图在结构上高度相似，因此李宏毅教授选择以 Instruct GPT（ChatGPT 的前身）的论文为基础进行分析。基于这一分析，他认为 ChatGPT 的学习阶段如下。

（一）学习文字接龙

当用户给 GPT 一个不完整的句子，GPT 会猜出该接哪个字，生成完整的句子。学习文字接龙的过程中，不需依赖人工标注，GPT 通过从网络搜集大量资料来学习哪些字词会被接在一起。

不过，每个不完整句子后面能接上的词有很多可能性，因此 GPT 会先了解哪几个字有更大的概率被接上，从这些大概率单字中随机抽出词，这也导致 GPT 每次输出结果皆不尽相同。按照这个逻辑，下一次可能就会出现不一样的答案，因此我们需要思考如何引导 GPT 产生有用且正确的输出，这个需要下一个阶段的学习，由人类来引导文字接龙的方向。

（二）人类引导文字接龙方向

光靠学习文字接龙，GPT 仍不知道该如何给出有用的回答，因此，需靠人类向 GPT 提出一些问题，并借由人工写出答案，接着再把资料一并丢给 GPT。借此阶段即可引导 GPT 去看类似人工问题的文句，而非只吸收无法成为有用输出的信息。

另外，GPT 学习中出现了人工辅助，那么人类需穷举出所有可能的问题吗？李宏毅教授猜想是不需要的，因为 Instruct GPT 的论文显示 GPT 初期训练中仅使用了数万则人工问题。GPT 本来就有能力产生答案，只是尚不知道哪些是人类所需的，因此，该阶段提供若干每种类型的范例就足够 ChatGPT 进行学习。

（三）模仿人类喜好

ChatGPT 的显著优势就在于对用户实际意图的理解，其"善解人意"的背后有着强大的反馈模型支持。为了实现对用户实际意图的理解，ChatGPT 引入了"人类老师"（即标记人员），这些"人类老师"通过标记，训练出一个反馈模型。这个反馈模型类似于一个打分机制，可以模仿人类喜好给 GPT 的结果进行评价，然后通过这个反馈模型再去训练 GPT，从而帮助 GPT 更贴近人类的偏好和习惯。经过该训练之后，GPT 就可以更好地提高其生成答案的准确性和质量。

（四）用强化学习向模拟老师学习

上一阶段的老师模型为强化学习的奖励环节，若将 GPT 答案丢给老师模型产出低分后，系统再以强化学习来调整参数，试图达到高分。

值得注意的是，ChatGPT 无法永远给出正确答案。某知名编程问答网站表示，因 ChatGPT 答案正确率太低而暂时禁用户分享 GPT 的回答。学者加里·马库斯（Gary Marcus）则提出 GPT 是善于模仿人类语言，能让答案看起来准确，但未必代表 ChatGPT 对于真实世界有所理解。李宏毅教授也建议由于 GPT 的设计是回答人类想要的问题，因此可试问一些没用的问题，就有机会得到错误回答。

三、关于 ChatGPT 的一些常见疑问

（一）ChatGPT 为何支持多语言？

ChatGPT 之所以能够支持多语言，是因为在其训练过程中使用了多语言的文本数据。当进行训练时，可以使用来自不同语言的大量对话和文本来训练模型，使其学会理解和生成多种语言的表达。在训练过程中，模型会通过学习不同语言之间的语义、语法和上下文关系来建立对多语言的理解。这使得 ChatGPT 能够在多语言环境下进行交互，理解用户的输入并提供适当的回答。

需要注意的是，尽管 ChatGPT 可以处理多种语言，但不同语言之间的性能可能会有所差异。模型在训练过程中所接触到的数据量和质量可能对其在特定语言上的表现产生影响。一般认为其对于英文提问表述的内容可能会更加准确和熟练，而其他语言诸如中文可能就无法达到那种准确度，这主要是由于其背后的训练语料的来源多是英美等英语国家。这也从侧面告诉我们，如果需要提问国外相关的问题，中文提问可能得不到准确的答案，不妨尝试用英文提问。

总的来说，ChatGPT 之所以能够支持多语言，是因为它在训练过程中接触到了多语言的文本数据，并从中学习到了多语言的语义和语法模式。这使得它能够理解和生成多种语言的文本，从而在多语言环境中提供交互式的对话和回答。

案例 2.2　向 ChatGPT 询问外国教育家的一本书

询问 ChatGPT 杜威发表于 1904 年的一篇小众文章。

输入：请你介绍一下杜威 1904 年所写的《教育理论与实践的关系》这篇文章。

输出：很抱歉，我不能提供关于杜威在 1904 年所写的《教育理论与实践的关系》这篇文章的详细信息。作为一个语言模型，我的训练数据截止到 2021 年，而杜威的文章发布于 1904 年，超出了我的知识范围。我无法直接获取特定文章的详细内容和特定年份的发表信息。

若换成英文去询问同样的问题。

输入：Would you please introduce Dewey's article *The Relation of Theory to Practice in Education* written in 1904.

输出：In this article, John Dewey explores the interplay between theory and practice in the field of education. He argues that education should not be seen as a mere transfer of knowledge or a process of rote learning, but rather as a dynamic and interactive experience that connects with the real-world contexts and needs of learners ...

英文回答的内容此处并没有全部呈现，很明显 ChatGPT 对于诸如此类的英文问题回答的可能性和准确性会更高。

（二）为何 ChatGPT 给出的答案会有错误？

对于 ChatGPT 的答案为什么会有错误这个问题，《时代》周刊曾对 ChatGPT 做了一个专访或许可以回答这个问题，聊天记录如下。

记者：我应该相信你刚才说的一切都是真实而准确的吗？

ChatGPT：作为一个大型语言模型，我被设计成对各种各样的输入产生类似人类的反应。我尽我所能提供准确和有用的信息，但我不是一个完美的知识来源，可能不总是能够提供完整或正确的答案。此外，我不能浏览互联网或访问任何外部的信息，所以我的反应仅限于我所得到的训练数据和算法。这意味着我的回答中可能有一些错误或不准确的地方，你不应该把我所说的都当成真实和准确的。在做任何重要决定或采取任何行动之前，运用自己的判断和常识核实多方信息，才是重要的。

从以上 ChatGPT 的回答中可以发现，虽然 ChatGPT 在第一步骤会尽可能收集大量的人类回答，但由于问题和答案种类有无限多，ChatGPT 模型无法涵盖所有对话资料，且其抓取数据有时间范围，因此，模型无法正确答出较新的信息。另外，AI 自动生成模型普遍会产生幻觉，当给出两个不具细节且彼此关联性较弱的信息时，ChatGPT 就容易自行补上未必正确的细节。ChatGPT 回答的最后一句话或许也是对人类的一种提醒。

（三）针对同个问题，ChatGPT 为何给出不一样的回答？

尽管 ChatGPT 是基于相同的模型架构和训练数据，但在不同的运行实例中，它可以生成稍微不同的答案。这是因为 GPT 模型采用文字接龙形式，模型会针对所有可能接续的文字，给出概率分布，并从中找出概率最大的字，或从概率前十的字中随机挑选，这也导致 ChatGPT 有能力产生不同的回答。尽管存在这些差异，ChatGPT 的目标是生成合理、相关且准确的回复。因此，虽然具体的答案可能会有所不同，但它们通常会在一定程度上保持一致，并与输入的问题相匹配。

（四）为何问 ChatGPT 关于暴力的问题时，很难得到正面回答？

关于 ChatGPT 的智能特性"自主选择性"，我们之前已有所探讨。基于伦理和安全性的关切，结合模型的训练特性和对上下文的敏感性，当面对关于暴力的提问时，ChatGPT 可能不会正面回应，它可能会避免此类问题，并明确表达其持有的中立或正确立场，而非为提问者提供答案。

在 ChatGPT 的训练过程中，第一步骤和第二步骤涉及人工干预的环节。首先，训练者会为模型提供针对暴力文字的合适回应样本。到了评分阶段，如果 ChatGPT 生成的答案包含暴力或其他消极内容，人工评估者会给予低分。这样的机制确保了 ChatGPT 在面对暴力内容时能够做到适时避免或拒绝讨论。因此，问及 ChatGPT 有关暴力等负面问题时，很难得到正面的回答。

（五）GPT 与 ChatGPT 是同一个东西吗？ 有哪些基于 GPT 的衍生产品呢？

在我们之前讨论 ChatGPT 的发展历程时，已经对 GPT 与 ChatGPT 之间的关系与区别作了简要说明。GPT 和 ChatGPT 之间的关系可以类比为基础与应用的关系：GPT 为基础框架，提供了基本的语言模型能力；而 ChatGPT 则是基于 GPT 构建，专为对话场景进行优化和应用。具体区分与说明如下。

GPT 是一种基于 Transformer 架构的预训练语言模型。简单来讲，GPT 是一种大型语言模型，它是自然语言处理技术中的一种。大型语言模型就像是一个非常聪明的语言专家，因为在训练时读了大量的文章、书籍和网页等文本，从中学习了很多词语的意义、词语之间的关系以及语法规则，所以能够理解人们说的话，并根据上下文生成合理的回答。自然语言便是我们生活中所应用的语言，比如中文、英文、法文等。

截至目前，最新的 ChatGPT 是基于 GPT - 4 的衍生物，专门用于生成对话和交互式对话。它通过学习大量的对话数据和用户输入来预测下一个合适的回复，并尽可能提供有意义和连贯的回答。ChatGPT 旨在模拟人类对话，具有更加交互式和对话式的特性。通俗点来讲，GPT - 4 是一个大型语言模型，ChatGPT 则是基于 GPT - 4，对其进行再一次的开发后的产物，所以 ChatGPT 是 GPT - 4 加上人类互动行为之后所设计的一种 AI 聊天机器人程序。

通过上面的论述大家会发现，GPT 和 ChatGPT 的关系中，GPT 好似混凝土，ChatGPT 则是用其造出来的一栋精美的大厦，用混凝土可以造出很多不一样的楼。目前可使用 GPT 技术的产品有很多，不仅仅只有 ChatGPT，开发人员还可以根据 GPT 开发出不同类型的 AI 系统来满足各种场景的需求。

四、关于 ChatGPT 的一些理解误区

（一）ChatGPT 是用预设式答案进行回复的

很多人都觉得 ChatGPT 的回答可能是从一个很大的资源库里面挑选出来符合指令的答案，认为 ChatGPT 像是一个自动回复。比如"让 ChatGPT 给你讲一个笑话"，很多人觉得 ChatGPT 就是从开发者准备好的"笑话库"里面摘取出来，是自动式回应。事实上，已有的普通聊天机器人与 ChatGPT 不一样，前者的人机对话是机器人在海量数据中寻找并选择最佳答案展示出来，本质为"筛选者"和"搬运者"；而 ChatGPT 则是"分析者""生成者"和"创造者"，可以依据检索而来的海量信息，联系会话过程中的上下文，通过高速的算法分析，生成不与已有任何信息相同的答案。

这是因为 ChatGPT 使用的是生成式 AI 技术。从根本上看，分析式 AI 和生成式 AI 的最大区别是：前者采用的是"判别式建模"，其目的是通过训练样本数据来提升模型的判断能力，从而能够帮助人们实现对训练外样本的性质的判断；而生成式 AI 采用的则是"生成式建模"，它们进行学习的目的是创造出和训练样本中数据类似的新数据。举例来说，一个分析式 AI 通过学习大量的梵高作品，就可以在遇到一幅新作品时判断出它是否为梵高所画；而一个生成式 AI 在进行了类似的学习后，就可以创造出类似梵高风格的新作品。[①] 由此可见，ChatGPT 并不是用预设式的答案进行回答。

（二）ChatGPT 只是一个更加智能的聊天机器人

ChatGPT 能够通过学习和理解人类语言来进行对话，还能与聊天对象进行有逻辑的互动。除了聊天，ChatGPT 还能够根据聊天对象提出的要求，进行文字翻译、文案撰写、代码撰写等工作。在 2023 年 3 月 23 日，OpenAI 宣布 ChatGPT 能够支持第三方插件接入，这些插件是专门为"以安全为核心原则的语言模型设计的工具"，可帮助

[①] 陈永伟.作为 GPT 的 GPT：通用目的技术视角下新一代人工智能的机遇与挑战[J].财经问题研究：1-26.

ChatGPT 访问最新信息、运行计算或使用第三方服务。例如 Open Table 插件允许用户搜索可预订的餐厅；Wolfram 插件能够提高计算能力；Instacart 插件允许 ChatGPT 在本地商店购物；Zapier 可与谷歌 Gmail 等应用程序连接，适用于办公场景。

目前看来，ChatGPT 能够使用的场景越来越广泛，远远不只是一个聊天机器人这么简单，科技媒体 VentureBear 评价："此次更新是一个重要的里程碑。OpenAI 允许 ChatGPT 接入插件，表明该公司正在将它从聊天机器人转变为开发者平台，以进一步巩固其主导地位。"

（三）ChatGPT 不能联网，只是一个搜索引擎

尽管 ChatGPT 此前已经展现出了其他人工智能模型无可比拟的智能，但由于其训练数据的限制（截止到 2021 年），且不具备检索实时信息的能力，当涉及一些超出其数据范围的问题时，便无法提供答案或给出错误答案。但是继接入 GPT-4 之后，强大的 ChatGPT 迎来了又一次升级。2023 年 3 月 23 日，OpenAI 官方宣布，ChatGPT 终于可以联网了。除了检索实时信息外，ChatGPT 还获得了检索知识库信息（如公司文件、个人笔记等）、代表用户执行操作（如订机票、订餐等）的能力。在 WebGPT、GopherCite、BlenderBot2、LaMDA2 等模型和工具的支持下，ChatGPT 获得了从互联网上读取训练数据之外的信息。

在给出的示例中，当被问及"今年奥斯卡获奖者的票房销售额与最近上映的电影相比如何"时，ChatGPT 不再像之前那样礼貌地表示其训练数据不包含足够的信息来支持它回答这一问题，而是在通过搜索后，给出了准确的答案。这一实验性功能显然类似于微软的必应搜索引擎（Bing AI），但又不只是局限于检索实时信息。据官方博客介绍，还可以通过绑定到应用程序接口（API），让 ChatGPT"代表用户执行操作"，这可能会使它变得更加强大。必应搜索引擎可以通过告诉你航班和酒店来帮助你计划假期，但 ChatGPT 可以直接帮你预订。

未来随着插件访问权限的进一步扩大，ChatGPT 的插件功能有可能为 AI 聊天机器人开辟一个新的可能性和巨大市场。

第三节　ChatGPT 的核心能力

ChatGPT 是一个基于机器学习技术的自然语言处理模型，它的运作原理是通过大量

的文本数据训练出一个深度神经网络模型，从而实现自然语言的生成和理解。通过前文的简介和原理的介绍，大家对 ChatGPT 有了初步的了解，接下来将总结 ChatGPT 所拥有的核心能力，以便各位老师日后使用的时候能更好地驾驭 ChatGPT 服务于自己的教学。

一、无监督学习能力

GPT 模型，包括 ChatGPT，主要依赖于无监督学习。这种训练方式不需要标记数据（也就是说，输入数据不需要与预期输出配对），模型是通过学习大量的语言数据来理解和生成语言的。在训练过程中，GPT 试图预测给定的文本序列中的下一个词，这就是所谓的语言建模任务。

ChatGPT 的无监督学习能力使其能够处理各种复杂的语言任务，包括阅读理解、摘要生成、翻译和对话等。这主要是因为它在训练过程中接触到的语言数据非常广泛，包括各种主题和上下文。因此，尽管没有特定的指导（即监督学习），但 ChatGPT 仍然能够理解语言的复杂性，并生成自然、流畅、有意义的文本。

具体来说，当用户输入一段文本时，ChatGPT 会通过自然语言处理算法将其转化为数据形式，然后通过模型进行计算和学习，最终生成相应的回答。因此，ChatGPT 所拥有的一个核心能力便是机器学习的能力，其他的分支能力都是在这一能力的基础之上展开，接下来我们将谈谈 ChatGPT 背后的"机器学习"。

何谓"机器学习"？机器学习是一种基于数据的人工智能技术，通过对大量数据进行分析和学习，让计算机能够自动进行决策或预测。机器学习的基本思想是从过去的经验中学习，通过对大量样本的分析，发现其规律和模式，并且将这些知识应用于未来的预测和决策中。卡内基梅隆大学（Carnegie Mellon University）的计算机科学家汤姆·M.米切尔在一本机器学习领域的经典著作中给出了以下这个广为接受的定义：如果一个计算机程序针对某类任务 T 用 P 衡量的性能根据经验 E 来自我完善，那么我们称这个计算机程序从经验 E 中学习，针对某类任务 T，它的性能用 P 来衡量。在 ChatGPT 的学习过程中，任务、性能和经验三个要素密不可分，ChatGPT 需要不断地处理用户的任务，不断地优化其性能和表现，并从自身的经验中获得更多的知识和能力，以更好地满足用户的需求和要求。

案例2.3　用任务 T、性能 P 和经验 E 来描述 ChatGPT 的学习过程

任务 T：ChatGPT 的任务是通过与用户的对话来提供有用的答案和帮助，从而满足用户的需求和要求。

性能 P：ChatGPT 的性能取决于多个方面，例如 ChatGPT 的响应速度、回答准确率、对话的连贯性等。为了提高性能，ChatGPT 需要不断地学习和改进，以更好地理解用户的意图和需求，从而提供更加准确和有用的答案。

经验 E：ChatGPT 的经验来源于多个方面，例如 ChatGPT 通过大量的语料库和人类专家的帮助来学习自然语言处理和对话系统技术。同时，还通过与用户的实际对话来获得更多的经验，从而不断优化 ChatGPT 的性能和准确度。

二、启发性内容生成能力

ChatGPT 等系统能够基于给定的主题或在多轮对话过程中识别的上下文信息，生成有启发性和创意性的文本，包括写诗词等。这些文本不仅可以成为用户的创作素材，也可以在思维广度上为用户带来启发。类似地，让计算机写故事、评论、每周汇报的方法也大致相似，因为这类文章几乎都遵循固定的模板。美国很多作家在测试了 ChatGPT 后，对它进行了逆向工程，认为它是按照五段论写作的，也就是包括开头、结论以及中间的三个要点，当然这个要点可以增加或者减少，要点之间再做一些承接和转折。五段论是美国初中教师教学生们写作的基本方法，美国大部分篇幅不长的公文，比如电子邮件，都是这么写的。

下面以 ChatGPT 如何利用语言模型写唐诗为例，给大家呈现 ChatGPT 是如何发挥启发性的内容生成能力。唐诗大多属于韵律诗，它不仅最后一个字押韵，而且每一句诗都是按照一组两个字或者三个字的单元构成的。比如王之涣的《登鹳雀楼》："白日依山尽，黄河入海流。欲穷千里目，更上一层楼。"每一句都可以拆成"2-3"组合；杜甫的《登高》："无边落木萧萧下，不尽长江滚滚来。"每一句都可以拆成"2-2-3"组合。于是，我们就把所有的绝句和律诗拆成"2-3"或者"2-2-3"组合，然后以两个字或者三个字作为基本的统计单元进行统计，得到它们在上下文中的概率，就可以写出概率比较大的诗句了。当然，我们还要再根据每一个词的语义，把唐诗中出现的词归类，让一首诗中的每一句符合同一个主题。总之，只要搞懂了语言模型的道理，有现成的诗供学习，让计算机写诗并不是一件很难的事情。

三、对话情境理解能力

ChatGPT 等系统能够基于多轮对话中的上下文信息，进行语义理解和推理，捕捉用户意图与对话情境，生成符合逻辑的连贯性回复，为用户带来良好的交互体验。ChatGPT 与以往的自然语言处理技术有何不同，很多学者都认为主要在于"理解"二字，ChatGPT 具有了"对话情境的理解能力"。北京大学人工智能研究院院长朱松纯教授在 2017 年一篇思考人工智能与智能本质文章开篇所举的例子就非常深刻、精确、具体地抓到了这一本质，这个例子就是"鹦鹉和乌鸦"的例子。同属自然界的鸟类，鹦鹉有很强的语言模仿能力，你说一个短句，多说几遍，它能重复，这就类似于当前的由数据驱动的聊天机器人。而乌鸦则不同，乌鸦找到核桃之后，会把核桃扔在路上，让车去压，压碎了再吃。但是路上车太多乌鸦吃不到核桃，于是乌鸦把核桃扔到斑马线上，因为这里有红绿灯，绿灯亮时车都停住了，它就可以去吃。乌鸦既没有大数据，也没有监督学习，却完全可以自主地研究其中的因果关系，然后利用资源完成任务，这种能力便是 ChatGPT 所具有的。与之相反的则是鹦鹉和聊天机器人，二者都可以说话，但都不明白说话的语境和语义，也就是它们不能把说的话对应到物理世界和社会的物体、场景、人物，不符合因果与逻辑。

四、序列任务执行能力

ChatGPT 能理解用户的序列指令并识别其中的关联关系，这使得模型不仅能够响应单一的命令，还能根据先前的指令逐步推进复杂任务的完成。具体来说，当用户输入一系列指令时，ChatGPT 会分析每个指令，并根据前后关系逐一处理。它具有一定的记忆功能，能够应用先前的指令来解释或推进后续的任务。然而，尽管 ChatGPT 在语言理解和生成方面拥有卓越的表现，我们必须清楚它的定位：它不是一个真实的执行引擎。这意味着它不能直接执行物理任务或接入外部系统进行实际操作。但它可以为用户提供详细的指导、解答疑问或解释操作步骤。在更广泛的应用场景中，结合其他系统或机器人技术使用 ChatGPT 可能会为复杂任务的实现提供巨大的潜力。

当涉及教育领域时，教师可以使用 ChatGPT 协助学生进行学习、提供答疑解惑、辅助作业等。以下是一个与教育相关的例子。

案例 2.4 ChatGPT 协助教师完成教学任务

教学场景：地理课——创建地理问题

背景：教师正进行关于世界地理的教学。他希望学生通过一个有趣的方式加深对世界各地地理知识的了解。

教师：我们今天来玩一个连锁地理问题的游戏。我们提一个地方的名称，然后要求 ChatGPT 给出这个地方的一个有趣事实，然后基于这个事实提出下一个问题。开始吧！

学生：好的，首先是埃及。

教师输入到 ChatGPT：请给出关于埃及的一个有趣事实。

ChatGPT 回复：埃及是金字塔的故乡。

教师：很好，基于这个事实，我们的下一个问题是：金字塔是为了什么而建的？

学生：金字塔是为了埋葬法老而建的。

教师输入到 ChatGPT：金字塔的主要用途是什么？

ChatGPT 回复：金字塔主要是作为法老的墓葬之用。

教师：没错！我们继续进行，看看我们能持续多久！

这个例子展示了教师如何利用 ChatGPT 的序列任务执行能力来创建一个连锁问题，使学生能够连续地了解和探索地理知识。

上述四项核心能力体现了当前生成式人工智能领域的重要突破和价值，也为其在教育领域的应用提供了诸多可能性。

第三章　人机协同视角下 ChatGPT 的典型教育应用场景和方法

ChatGPT 全球热浪来袭，它的出现标志着人工智能技术正朝着更加智能、个性化、人性化的方向迈进；它的出现为我们带来了全新的机遇和挑战，不断提醒着我们已经进入了一个"人与机器全面协同作战的智能时代"。对教师而言，ChatGPT 能够在"教""学""评""管""辅""研"多个教学场景为教师赋能，帮助教师更好地满足学生需求、提高教学效率、提升教学成效。然而，只有在教育者的智慧和悉心引导下，其才能真正发挥最大的潜力，引领学生走向更加智能、创新和人性化的未来。

在人机协同理念的引领下，让我们一同探索如何在教育教学领域中更好发挥 ChatGPT 的强大功能，为学生和教师创造更丰富、更有趣、更高效的学习与教学体验吧！

本章框架 💻

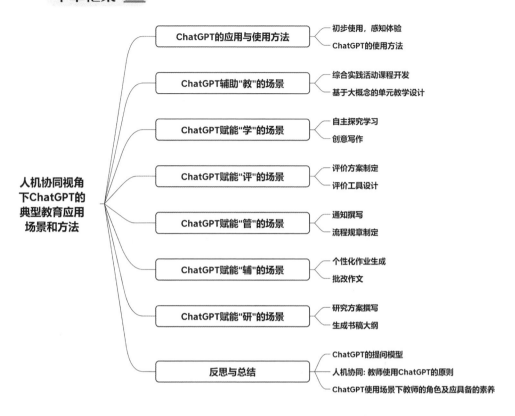

第一节　ChatGPT 的应用与使用方法

一、初步使用，感知体验

ChatGPT 是一种人工智能聊天机器人，使用自然语言处理和机器学习技术来模拟人类对话。它是由 OpenAI 研发的聊天机器人程序，于 2022 年 11 月 30 日发布。作为人工智能技术驱动的自然语言处理工具，ChatGPT 能够通过理解和学习人类的语言来进行对话，还能根据聊天的上下文进行互动，真正像人类一样来聊天交流，甚至能完成其他较为复杂的任务。对于教育教学工作而言，ChatGPT 具有较好的应用前景。

学前互动

1. 尝试向 ChatGPT 询问感兴趣的话题。（提示：可以是彼此独立的若干问题，也可以是彼此承接的连续性问题，如有必要，在提问时可以告诉 ChatGPT 问题产生的情境或背景，便于它更好地理解问题。）

2. 你向 ChatGPT 提了哪些问题？它是怎样回答的？你认为它回答得如何？相比于其他聊天机器人，ChatGPT 所生成的文本有怎样的特点？

相比于微软小冰等聊天工具，ChatGPT 可以与用户进行类似于真实人类对话的交互，生成更为自然、有语境意识、表达多样、专业性强且错误率较低的文本内容。

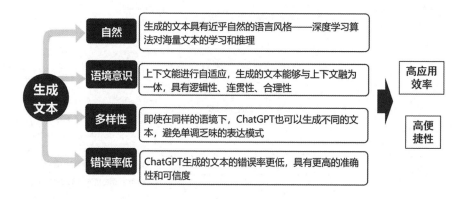

图 3.1　ChatGPT 在生成文本方面的特征

凭借这些优势，ChatGPT 在信息处理与文本生成方面具有高应用效率与高便捷性。对于教育教学而言，ChatGPT 具有提高效率、增强个性化等多方面的应用潜力。就当前实践来看，ChatGPT 已经能够应用于"教""学""评""管""辅""研"等教育教学场景。

二、ChatGPT 的使用方法

依托于 ChatGPT 这种强大的人工智能语言模型，用户可以通过对话的方式实现与它的交互。但在和 ChatGPT 交互时，用户经常会遇到回答不准确、语义模糊的情况。作为教师，如何将 ChatGPT 更好地应用于我们的教育教学工作中，让 ChatGPT 更精准理解我们的"所思所想"并生成有参考价值的文本呢？

以文字为表征的语言是一种非常复杂的工具，它可以传达信息，但也可能会产生歧义和误解。在与 ChatGPT 交互时，用户如果没有准确地表达自己的问题，或者在阐述问题产生的具体情境时给出的信息不足，ChatGPT 可能会给出模糊的答案或是错误的答案，这会浪费检索的时间和精力，甚至会导致用户做出错误的决策。

因此，要想让 ChatGPT 生成更加精准和高质量的答案，就应着眼于在与其交互过程中所输入的问题。在和 ChatGPT 进行交互时，提问的质量直接影响到答案的质量，加之 ChatGPT 每次所生成的文本字数有限，一个复杂的教育问题往往需要好几个来回的问答才能解决，这就对用户在使用过程中精准提问的能力提出了要求。因此，在使用 ChatGPT 回答和解决教育问题时，可以从"精准提问，分步输入""批判完善，优化统筹"两方面进行方法优化。

（一）精准提问，分步输入

教育教学中使用 ChatGPT 时，教师在输入问题环节可以遵循以下原则，这些原则有利于提高提问的精准性和有效性。

第一，明确需求。明确告知自己的需求，例如所设计的课程方案针对哪一科目、哪一年龄段的学生等。

第二，明确标准。可以通过"请总体阐述""详细阐述""从……等方面分析""采用……方式表述"等限定词明确 ChatGPT 所回复的内容范围、分析角度及表述方式。

第三，告知情境。告诉 ChatGPT 自己的身份或者 ChatGPT 在该场景中所扮演的角色，让 ChatGPT 了解需要解决的问题是什么，它应该从哪些方面给予支持与帮助。

第四，分步骤，先"总"后"分"。先告知 ChatGPT 所要提问的总体问题，再将总体问题拆分成若干细分问题依次提问，最后整合。

（二）批判完善，优化统筹

教育教学中使用 ChatGPT 时，教师得到的回复往往并不能完全满足教学需求，或因为伦理、具体情景等问题导致生成的结果不合时宜。因此，在 ChatGPT 生成结果的基础上，教师需要进行进一步的批判完善、优化统筹。具体可以从以下四方面进行。

1. 事实性正误判断

由于 ChatGPT 是基于机器学习算法生成文本，不能保证其生成的内容完全准确无误。特别是在涉及知识科学性的问题时，教师应对 ChatGPT 所生成的文本的正确性保持警惕，发挥自身的学科专业能力，对 ChatGPT 所呈现的文本进行正确错误判断。当发现 ChatGPT 所生成的内容不符合常识、违背教育教学规律时，教师需要剔除或修改这些内容。

2. 虚假信息审查

ChatGPT 是一款基于机器学习算法的自然语言生成模型，尽管其生成的文本具有高度的语言流畅性与多样性，但由于其并不具备人类的智慧和判断力，有时也会出现生成虚假信息的情况。因此，作为一名教师，在使用 ChatGPT 生成案例资源、新闻报道等内容时，应保持审慎和警惕的态度，对其所呈现的信息进行核实和检验，以确保其真实性和可信度。在这个过程中，教师应借助现有的知识体系和信息检索工具，对 ChatGPT 所呈现的信息进行逐一核实，及时剔除或修改其中的虚假信息。

3. 多次提问整合

教师在使用 ChatGPT 进行问答交流时，常常需要反复询问并整合多个回答才能得到更加准确和具体的答案。特别是在面对复杂问题时，教师需要将大问题逐步拆解，提出多个具体的问题，从而更好地引导 ChatGPT 给出准确的答案。在得到多轮回答后，教师需要对这些答案进行逻辑分析并整合，以便从中提炼出正确的信息，并确保回答的连贯性和准确性。

4. 实用性评估

由于 ChatGPT 无法完全了解教师所处的教育教学环境，因此，教师需要根据自己的任教经验及专业知识对 ChatGPT 生成的内容进行实用性评估。教师可以结合实际教学目标、学生学情、教学内容以及自己的专业背景等具体情况，对 ChatGPT 生成的内容服务教学实际的实用性进行评估，并在此基础上进行修改和完善，使其更符合实际教育教学需求。通过这种方式，教师可以更好地利用 ChatGPT 提供的资源，进一步提高自己的教育教学能力，同时也可以为 ChatGPT 提供更加实用和有效的反馈信息，促进其不断改进和完善。

第二节　ChatGPT 辅助"教"的场景

ChatGPT 辅助"教"的场景是指教师在教学过程中所面临的各种情境和任务的场景。教师的教学包含多个环节，如教学设计、教学准备、课堂教学和教学评价等；在教学设计环节，教师需要根据学科要求和学生需求，制定教学目标和教学计划；在教学准备环节，教师需要收集、整理教学资源和材料，并准备教学工具和教学环境；在课堂教学环节，教师与学生进行面对面的教学互动，传授知识，引导学习，促进思考；在教学评价环节，教师对学生的学习成果进行评估，了解他们的学习进展，并提供反馈和指导。

在"教"的场景,着重关注 ChatGPT 对教学设计、教学准备环节的辅助。

ChatGPT 可以为教师提供教学设计方面的支持,例如提供综合实践活动的创意和设计方案,帮助教师制定跨学科主题活动的教学计划和查找相关资源,以促进学科之间的融合和学生综合能力的提升。除此之外,ChatGPT 还可以协助教师设计大单元的教学内容和课程结构,提供创意和建议,以实现更系统化和有针对性的教学。

一、综合实践活动课程开发

综合实践活动是从学生的真实生活和发展需要出发,从生活情境中发现问题,将问题转化为活动主题,通过探究、服务、制作、体验等方式,培养学生综合素质的跨学科实践性课程。综合实践活动是国家义务教育和普通高中课程方案规定的必修课程,与学科课程并列设置,是基础教育课程体系的重要组成部分。该课程由地方统筹管理和指导,具体内容以学校开发为主,自小学一年级至高中三年级全面实施。

综合实践活动课程的开发涉及教师多方面能力的综合发展,开发综合实践活动课程不仅能够提升教师的创新能力、组织协调能力、沟通能力等,还能进一步反思改进教学,助力教师综合素质的发展。

以综合实践活动课程教学实施划分,在实施规划阶段的课程开发可以分为"学期课程纲要""主题活动实施方案""课时实施方案"三个层次及步骤。

学期课程纲要是指基于对《中小学综合实践活动课程指导纲要》(教材〔2017〕4号)、主题活动内容、学情的研究,用大纲或纲要的方式陈述一个学期的课程目标、内容、实施与评价。主题活动实施方案是指依据学期课程纲要,基于资源与课程整合的,有层次、有梯度的实施方案,每学期设计 3—5 个主题活动。主题活动涵盖研学实践、班团队少先队活动、传统文化教育、革命传统教育、国家安全教育、法制教育、绿色低碳环境教育等。课时实施方案是基于主题活动整体设计的每一课时的教案,每个主题活动根据内容不同可以分为 4—5 课时。

在综合实践活动课程开发过程中,ChatGPT 能够生成多样的文本内容为教师设计活动提供创意和灵感,为教师提供综合实践活动课程设计方面的指导和建议,帮助教师快速生成综合实践活动课程的初步框架,节省课程设计的时间和精力。

(一)情景引入

王老师是一名小学三年级的教师,最近想要针对小学 3—4 年级的学生开发一门主题为"触摸本草，行走的课程之旅"的综合实践活动课程。她应该从哪些方面着手，如何开始？ChatGPT 能够为她的综合实践活动课程的主题设计提供相应的帮助吗？

（二）应用体验

做一做

根据本章第一节所提出的 ChatGPT 的提问技巧，请您尝试使用 ChatGPT 帮助王老师在主题活动方案设计层面开发综合实践活动课程，并分享您在 ChatGPT 中输入的内容。

ChatGPT 可以被用来制定和计划课程的结构和内容，确保课程目标清晰、内容丰富，加快课程开发的进程。教师在与 ChatGPT 的交互过程中也可以进一步明确自身的课程开发思路。

以下提供王老师利用 ChatGPT 生成的针对小学 3—4 年级学生的"触摸本草，行走的课程之旅"的综合实践活动课程的输入内容。

（1）请以"触摸本草，行走的课程之旅"为主题，设计一个针对小学 3—4 年级学生的综合实践活动课程，其中需要包含指导思想（编制的依据）、活动背景分析、活动目标、主题活动过程设计、评价设计。

（2）请就此次活动的指导思想板块单独阐述。指导思想需要参考《中小学综合实践活动课程指导纲要》（教材〔2017〕4 号）、《关于实施中华优秀传统文化传承发展工程的意见（2017）》、《完善中华优秀传统文化教育指导纲要》（教社科〔2014〕3 号）中的内容，阐述需要结合小学 3—4 年级学生的身心发展特点和发展需求。

（3）请就此次活动的活动背景分析板块单独阐述。活动背景分析板块需要结合学生特征、常州市白云小学校内及周边资源进行设计，主题下的各类实践活动需要考虑相应课时分配，并且能够准确分析学生在思维、认知、能力等方面的基本情况及学生在主题活动中可能遇到的障碍点和发展点，并提出可行的解决策略。

（4）活动目标需要结合主题下的各类活动分别阐述。活动目标对于 3—4 年级小学生而言是切实可行的、具有教育意义的，并且活动目标需要关注学生核心素养发展，要将创新精神、实践能力等具体要求落实到主题活动中。

（5）根据以上的内容，对"触摸本草，行走的课程之旅"的主题活动过程设计板块展开专门阐述。主题活动过程设计板块需要包含主要教学环节、主要实践活动、评价目标、评价任务及课时。我希望整个主题活动的课时不要超过 17 课时。

（6）请就此次活动的评价设计板块展开专门阐述。评价需要有可操作性，要明确评价内容、评价流程和评价主体。最后请设计一份实践任务单等形式的学习过程及成果评价工具。

（三）反思拓展

1. 尝试使用王老师输入的内容在新窗口重新与 ChatGPT 对话，对比您生成的内容与王老师所生成的内容有何不同。您觉得哪一份综合实践活动设计更好，为什么？

2. 结合综合实践活动主题评价标准，您认为 ChatGPT 生成的这份主题活动课程设计在信息提供的真实度，教学环节设计的逻辑性、实用性等方面表现如何？有哪些值得您借鉴的内容？有哪些内容仍有待改进？

（四）方法总结

1. 分步告知综合实践活动课程开发需考虑的要素

在综合实践活动课程开发中，理清设计一份完整的课程需要包含的内容十分重要。要根据综合实践活动课程开发的各层次步骤，总结所包含的步骤。在使用 ChatGPT 开发综合实践活动课程时，可以分步骤、有侧重地让它生成内容。

ChatGPT 的回答根据教师的提问细致程度有所不同，为达到具有一定的准确性、可靠性和实用性的信息回复，教师应在提问时提供更多的补充信息或限定条件，如限定教学对象、说明教学内容、明确教育目标等。此外，ChatGPT 具有连续问答的功能，教师可以合理利用该功能，对 ChatGPT 回复信息中不合理、不充分的部分进行追问，从而不断对其所提供的信息进行补充和丰富。

表 3.1   综合实践活动课程开发需考虑的要素

环　节	要　　素
学期课程纲要	指导思想、基本原则、课程目标、学校课程计划、学校课程计划的实施与评估、学校保障措施
主题活动 实施方案	指导思想与理论依据、主题活动教学背景分析、目标、教学活动过程设计、作业及评价设计、特色分析
课时实施方案	教学目标、教学重难点、教学阶段、教师活动、学生活动、设计目的

2.优化统筹,提升生成课程的适切性

ChatGPT 对学校资源和学生需求了解程度低则容易出现依托其所进行的课程开发存在理论性强但针对性不足的情况,且 ChatGPT 生成的结果目前仅能以文字形式呈现,生成内容可能不适切,且不能直接生成图表,需要教师进行再次判断。以跨学科主题学习活动设计为例,ChatGPT 对我国跨学科主题学习活动的内涵和特征的了解并不够深入,想要优化这份跨学科主题学习活动设计,教师必须在深入了解学生特征的基础上对 ChatGPT 生成的设计进行进一步的完善。对于 ChatGPT 生成的教学情境文本等内容,教师需依托自身专业性对其内容在伦理道德、与学习情况适切性等方面进行批判性反思,并进一步修正、创新与构建,才能最终设计出符合学生真实生活情境的跨学科主题学习活动方案。

同时,由于 ChatGPT 不具备价值判断能力,教师在使用 ChatGPT 的过程中需要对输出内容的适用性、价值性等进行二次判断,一方面根据实际教学需求与学生情况判断其生成结果是否适切,另一方面根据教育目标、原则和规律判断生成结果是否符合教育价值。在此基础上,教师可在主题活动与学期课程纲要之间的承接性、学校与地方特色、学生发展特点和需求等方面根据实际情况对课程开发结果进行完善和丰富。此外,还需要对文字结果进行适当改写,如调整文字格式、采用清晰图表表达等。

ChatGPT 所设计的学期课程纲要、活动方案等可能会因为提问的间断性而导致前后衔接不上、内容不接轨。因此,教师仍需要发挥统筹规划能力,在宏观层面对课程纲要、主题活动、课时方案等进行系统分析,从而形成完整且系统的课程体系。其次,在微观层面需要统筹规划主题活动内部各细分活动,关照活动开展的层次递进、目标一致性。此外,教师还需要统筹规划不同年龄学生活动的目标、内容、实施与评价,并统筹规划各类课程资源,从而构建有机的课程整体。

二、基于大概念的单元教学设计

"基于大概念的单元教学设计"是指以大主题或大任务为中心,对学习内容进行分析、整合、重组和开发,形成具有明确的主题(或专题、话题、大问题)、目标、任务、情境、活动、评价等要素的结构化的具有多种课型的统筹规划和科学设计。单元教学设计是一个相对于课时教学设计的概念,在一定程度上高于课时教学设计,是整合了某一主题内容的较大的教学设计单位。大概念是一个具有丰富内涵的整体性与统领性的教

学要素,是将单元内容串联起来的,沟通知识与生活的重要概念线索。基于大概念的单元教学设计旨在促进学生对大概念的理解、建构与运用,围绕着"目标是到哪里去""怎样才能实现目标""怎样才算实现目标"三个方面的问题,对学生的学习目标、学习过程与学习评价进行设计。①

基于大概念的单元教学设计离不开核心素养理念。学科核心素养的出台倒逼教学设计的变革,教学设计要从设计一个知识点或课时转变为设计一个大单元。②新修订的《义务教育课程方案和课程标准(2022 年版)》(教材〔2022〕2 号)的颁布,标志着基础教育阶段核心素养本位的教学改革成为主流。以核心素养重构课程与教学体系既是知识社会与信息时代人才培养的现实诉求,也是对以往知识本位教育症结的必然应对。这种教学目标升级的背后映射出学生所需知识系统由实体性知识向建构性知识的转型,以及学习样态从浅层走向深度的转型,倒逼教学设计将单元作为课程的最小组织方式,走向结构化的单元设计。为了在单元中凸显素养的整合性特征,本土教学实践强调以高站位驱动知识迁移与思维训练,主张借助大概念、大任务、大问题或大项目③,按照学习逻辑构建相对独立且完整的学习事件,在知识体量、持续时长以及活动架构上都体现出"大"的特点,因此被称为"大单元教学"。④

指向学科核心素养的大单元设计是学科教育落实立德树人、发展素质教育、深化课程改革的必然要求,也是学科核心素养落地的关键路径。它对于改变当前"高分低能、有分无德、唯分是图"的教学困境,对于改变以"知识点、习题项、活动控"为标志的课堂教学及其导致的师生"低效忙碌"的现状,具有重要的理论价值与现实指导意义。⑤

(一) 情景引入

张老师是一名中学地理教师,最近想要以"人口"为主题做一个基于大概念的单元教学设计。张老师想尝试使用 ChatGPT 从单元学习目标、评价方式、单元学习情境、学习内容和任务几个板块开展此次单元教学设计,ChatGPT 给出的教学设计质量如何,教师应该怎样通过 ChatGPT 更好地开展教学设计呢?

---

① 李寒梅,曹玫.基于大概念的单元教学设计[J].思想政治课教学,2021(5)：37 - 41.
② 崔允漷.学科核心素养呼唤大单元教学设计[J].上海教育科研,2019(4)：1.
③ 大概念、大任务、大问题、大项目统称为"统摄中心"。
④ 雷浩,李雪.素养本位的大单元教学设计与实施[J].全球教育展望,2022,51(5)：49 - 59.
⑤ 崔允漷.学科核心素养呼唤大单元教学设计[J].上海教育科研,2019(4)：1.

（二）应用体验

做一做

　　根据本章第一节所提出的 ChatGPT 的提问技巧，请您尝试使用 ChatGPT 帮助张老师完成一份针对初中一年级学生的以"人口"为主题的基于大概念的地理单元教学设计，并分享您在 ChatGPT 中输入的内容。

　　以下提供张老师利用 ChatGPT 生成的针对初中一年级学生的以"人口"为主题的基于大概念的地理单元教学设计的输入内容。

　　（1）我是一名中学地理教师，我想以"人口"为主题进行大单元教学设计（三课时），你能帮助我设计吗？我希望教学设计中包含单元学习目标、学习评价方式、单元学习情境、学习内容和任务等板块的内容。

　　（2）根据以上以"人口"为主题的单元教学设计，你能更加详细地说明单元学习目标这一板块的内容吗？我希望你能依据学科核心素养、课程标准、教材结构、单元地位、中学生学情等方面重新设计此次以"人口"为主题的单元教学设计，单元学习目标参照地理核心素养的方式表述。

　　（3）根据以上以"人口"为主题的单元教学设计，你能根据以上的学习目标更加详细地介绍学习评价方式这一板块的内容吗？我希望你能对此大单元教学的评价环节做更详细的设计，需要关注形成性评价、聚焦表现性评价、强调评价主体多样化。

　　（4）根据以上以"人口"为主题的单元教学设计，你能根据以上的学习目标更加详细地介绍单元学习情境这一板块的内容吗？我希望你能对此活动的单元学习情境做更详细的设计，要求你所设计的各个情境是真实存在的情境，且各个情境是能贯穿单元教学始终的真实大情境。

　　（5）根据以上以"人口"为主题的地理单元教学设计，根据以上的单元学习目标、评价方式、单元学习情境，你能更加详细地介绍单元学习内容和任务这一板块的内容吗？我希望你对此大单元教学的学习内容和任务的设计是在分解学习研读教材逻辑与内容结构的基础上，结合课程标准的相关要求对学习内容进行重构与整合后得出的，并且能够确保单元内容之间的关联性与承接性。

（三）反思拓展

　　1. 尝试使用张老师输入的内容在新窗口重新与 ChatGPT 对话，您生成的内容与张老师所生成的内容有何不同？您认为哪一份基于大概念的单元教学设计更好？（可以从活动目标设计与地理核心素养联系的紧密度、教学评一致性、学习情境的真实性和综合性等角度评价）

2. 结合 ChatGPT 生成的这份基于大概念的单元教学设计，您认为哪些内容值得我们学习借鉴？

（四）方法总结

本节将分析基于大概念的单元教学设计在不同环节中使用 ChatGPT 的具体思路与方法。一是确定单元学习主题，二是明晰单元学习目标，三是设计学习评价方式，四是设计单元学习情境，五是分解课时学习内容与任务。[①] 以本次"人口"为主题的基于大概念的地理单元教学设计为例，可以根据"明确需求＋标准"的形式组织 ChatGPT 的输入语句。以下是在进行本次设计时的输入语句。

1. 确定单元学习主题

输入：我是一名中学地理教师，我想做一个基于大概念的单元教学设计，请问有什么合适的主题吗？（在对话框内输入，并进行解释）

输出：

表 3.2　单元学习主题表（将 ChatGPT 输出内容进行整理后得出）

主　题	详　细　内　容
气象与气候	气象和气候对于地球的影响，包括大气环流、地球各地的气象现象和天气预报等
环境变化	地球上环境变化的原因和影响，例如：全球变暖、海平面上升以及生态系统崩溃
粮食与农业	全球的粮食问题和农业的历史，包括粮食安全、食品饮食文化以及农村社会与经济的发展等
地理信息技术	全球定位系统、遥感卫星和地理信息系统等技术，包括这些技术如何应用于地图制作、城市规划、环境监测和天气预报等领域
人文地理学	地球上人类文化和社会发展的方方面面，包括人类移民、城市发展、民族地理学和文化地理学等

---

① 方琦，王哲呈，朱志刚.基于地理核心素养的单元教学设计研究——以"人口"章节为例[J].地理教学，2020(7)：53－56＋16.

在正式开始对大单元教学的各板块设计前，需要首先让 ChatGPT 明确设计的总体，例如，最开始可以在 ChatGPT 中输入："我是一名中学地理教师，我想以'人口'为主题进行大单元教学设计（三课时），你能帮助我设计吗？我希望教学设计中包含单元学习目标、评价方式、单元学习情境、学习内容和任务等板块的内容。"

在确定大单元教学主题时，需要注意与 ChatGPT 交流的方法：明晰大单元教学主题限定；框定教学设计的内容与结构；提供年级与科目相关要求。

2. 明晰单元学习目标

输入：根据以上以"人口"为主题的单元教学设计，你能更加详细地说明单元学习目标这一板块的内容吗？我希望你能依据学科核心素养、课程标准、教材结构、单元地位、中学生学情等方面重新设计此次以"人口"为主题的单元教学设计，单元学习目标参照地理核心素养的方式表述。

通过不断追问，让 ChatGPT 更加明晰教师需要设计的单元设计目标。教师结合学生实际情况、课程安排与内容规划对其进行优化完善，在向 ChatGPT 进行提问时，可以明确所需的目标内容与要点，并整合学生核心素养培育，从而设计出既符合学生实际情况又结合课程标准与育人目标的单元学习目标。

3. 设计学习评价方式

输入：根据以上以"人口"为主题的单元教学设计，你能根据以上的学习目标更加详细地介绍学习评价方式这一板块的内容吗？我希望你能对此大单元教学的评价环节做更详细的设计，需要关注形成性评价、聚焦表现性评价、强调评价主体多样化。

评价方式在大单元教学中有着举足轻重的作用，教师可以利用 ChatGPT 丰富教学的评价方式，具体化评价细则，尤其是形成评价的体系和指标，能够让教师快速且高效地完成评价内容。

4. 设计单元学习情境

输入：根据以上以"人口"为主题的单元教学设计，你能根据以上的学习目标更加详细地介绍单元学习情境这一板块的内容吗？我希望你能对此活动的单元学习情境做更详细的设计，要求你所设计的各个情境是真实存在的情境，且各个情境是能贯穿单元教学始终的真实大情境。

学习情境设计给大单元教学提供了实际应用的环境，使用 ChatGPT 进行学习情境的生成需要基于单元主题、学习目标进行设计，同时为确保情境的适切性和真实性，可以在提问中加入限定，如"城市环境下的……""7—12 岁儿童的……"等，并向 ChatGPT 提出"要求你所设计的各个情境是真实存在的情境"这一要求。在大单元教学过程中需要确保各教学情境的连贯性,因此也可以向ChatGPT提出"各个情境是能贯穿单元教学始终的真实大情境"这一要求,提升其所生成的教学设计的逻辑性与连贯性。

5.分解课时学习内容和任务

输入:根据以上以"人口"为主题的单元教学设计,根据以上的单元学习目标、学习评价方式、单元学习情境,你能更加详细地介绍单元学习内容和任务这一板块的内容吗? 我希望你对此大单元教学的学习内容和任务的设计是在分解学习研读教材逻辑与内容结构的基础上,结合课程标准的相关要求对学习内容进行重构与整合后得出的,并且能够确保单元内容之间的关联性与承接性。

分解课时学习内容和任务是将单元教学设计细化和操作化的工作,在向ChatGPT提问将学习内容和任务板块进行细化时,需要教师判断其生成的学习内容是否具有连贯性,能否共同达成教学目标,并进行适当的修改、创新和整理。

第三节　ChatGPT 赋能"学"的场景

ChatGPT辅助"学"的场景是指在教师学习过程中,教师利用ChatGPT作为辅助工具获取学习资源,为学生深入学习提供相应支持和指导的场景。

ChatGPT可以作为学生的学习辅助工具和支持工具,为学生提供个性化的学习体验和资源。具体而言,ChatGPT能够在翻转课堂、项目式学习、创意写作等情境中辅助学生开展学习活动。在翻转课堂中,ChatGPT能够为学生提供在课堂外学习的支持和指导,回答他们的问题,提供额外的解释和资料。在项目式学习中,ChatGPT可以与学生合作,提供项目相关的信息、创意和指导,帮助学生完成项目的各个阶段。在创意写作中,ChatGPT能够为学生提供创意和灵感,帮助他们进行写作,提供反馈和修改建议,提升写作技能和表达能力。

一、自主探究学习

学生的学习方式对学习结果具有决定性的影响,然而传统课堂中采用的"听讲—背诵—练习"的让学生被动接受的学习方式,严重限制了他们的能力培养和情感体验。当前,学习方式的转变要避免课程实施过程中过于强调学生接受学习、死记硬背、机械训练等情况,要倡导学生主动参与、乐于探究、勤于动手,培养学生搜集和处理信息的能力、获取新知识的能力、分析和解决问题的能力以及交流与合作的能力。[1] 就其内涵而言,自主探究学习就是引导学生自主学习以促使学生进行主动知识建构的教学模式。它不是让每个学生各学各的,而是要激发起学生的学习兴趣,使每个学生都积极主动地去探索、去学习,并促进师生、生生间的交流互动,使学生在探究中实现能力的提高和问题的解决。自主学习能力可以说是学生学会求知、学会学习的核心,它是一种在教师的科学指导下学生制定有效的学习计划和学习策略,调节和控制各种思考、行为的创造性学习活动。项目式学习是以学生为主体的教学模式。它倡导学生在实践中提升自主学习、合作学习和探究学习的能力。在项目式学习场景中,ChatGPT 能够更高效地向学生提供与主题相关的学习资源、问题探究的方法,个性化解答学生疑惑。本节将以项目式学习为例,为教师解读学生自主探究学习设计与开展过程中 ChatGPT 的应用。

（一）情景引入

为进一步促进学生在地理学习的过程中举一反三、融会贯通,加强知识之间的内在关联,促进知识的结构化,光明中学初二教师张老师在任教班级开展了"咖啡'旅行'记"的项目式主题学习活动。在此项目式主题活动开展的过程中,张老师尝试将 ChatGPT 作为重要教学工具引入课堂,让学生们利用 ChatGPT 更好开展自主探究活动。以下是张老师的教学设计。

初中地理·项目式学习主题：咖啡"旅行"记

【项目式主题学习目标】

（1）通过本次活动,让学生自主从地理的角度系统认识咖啡,了解咖啡生产地、运输、传播路线等的情况,绘制咖啡"旅行"地图以及未来的新"旅行"地图。

（2）通过小组合作解决实际问题的方式,进一步提升学生在课堂当中学到的知识、技能与思维能力等地理学科核心素养。

【项目式主题学习核心问题】

（1）咖啡对于北京市民来说是不是不可替代的饮料？

（2）北京的咖啡从哪里来？全球的哪些国家或区域会有咖啡豆生长？我们国家的

---

[1] 张亚星.自主·合作·探究：学生学习方式的转变[J].华东师范大学学报（教育科学版）,2018,36(1)：22-28+160.

咖啡品质到底怎么样？如果好，是否能满足北京的市场需求？

（3）咖啡的"旅行"路线：咖啡运到北京的路线有哪些，有哪些关键节点？

（4）咖啡新的"旅行"路线：未来可能有哪些新的咖啡进口路线与方式，经过哪些节点？

【项目式主题学习实施】

项目人员划分为三人小组，就各核心问题的内容展开探究学习，将小组最新的进展情况与教师沟通，确认该阶段的问题是否解决、能否进入下一阶段。资料搜集汇总人负责各阶段的资料汇总并依据资料提出问题、联系驱动性问题梳理相关材料，意见整理人负责记录小组成员的思路与达成的一致观点、组间交换的意见等，由小组发言人汇总组内观点并代表项目小组进行分享。

【项目式主题学习成果】

咖啡"旅行"地图以及未来的新"旅行"地图展示。

（二）应用体验

以下呈现的是学生在该项目式主题学习中应用 ChatGPT 推进自主合作探究学习的两个场景。

1. 场景一

输入：从咖啡的生长、运输到制作销售，我需要一份北京咖啡的"旅行"地图。请问我应该怎样将这个问题进行拆分，帮助我更好地完成任务？

输出：当你需要制作一份北京咖啡的"旅行"地图时，可以将问题拆分为以下几个部分。

（1）咖啡的生长与采摘：确定咖啡生长的地区，了解当地的气候条件、土壤特点、咖啡树品种、生长环境等，还需了解当地咖啡的采摘过程和技术。

（2）咖啡的加工与运输：了解咖啡的去壳、发酵、烘焙等加工过程，确定必要的运输方式和途径，以及运输过程中需要注意的细节和环节。

（3）咖啡的制作与销售：了解咖啡的制作技术和方法，包括磨豆、冲泡等细节，同时需确定当地的咖啡销售市场和主要的销售渠道。

在划分出问题的各部分后，你可以根据每个部分的具体情况，运用各种信息获取方式，如阅读相关书籍、询问专业人士、深度挖掘互联网上的资料等，这样能快速收集有用的信息，并能更好地完成任务。

2. 场景二

输入：北京的咖啡豆产自哪里？

　　输出：总体来说，中国的咖啡产量并不是很大，而北京这样的大城市，需要大量的咖啡豆供应，应该是通过进口的方式获得的。因此，北京的咖啡豆来自世界各地，主要的咖啡豆供应地包括哥伦比亚、巴西、美国以及一些非洲国家等等。

　　输入：咖啡的商业模式是怎样的？

　　输出：咖啡的商业模式主要包括种植、采摘、加工、销售等环节。在种植方面，咖啡通常种植在集中的咖啡产区，例如中南美洲、非洲、亚洲等地。农民或咖啡种植园需要购买咖啡种子、种植管理、防治病虫害等。采摘环节是决定咖啡品质的关键环节，一般在咖啡果完全成熟时进行采摘。采摘工人需要在果林中手工采摘咖啡果，并将其分为成熟度不同的红色、黄色、绿色等等，用于不同品质的咖啡制作。

　　加工环节分为干燥和湿法加工两种方式。在干燥方法中，采摘的咖啡果通过暴晒、机械除果肉等方式进行加工；在湿法加工中，则需要先将果肉和籽粒分离，再进行发酵、清洗等加工过程。

　　最后是销售环节，咖啡豆经过焙烤等加工程序后成为出售的咖啡。市场销售渠道包括商超、咖啡专卖店、网络销售、出口贸易等等。消费者可以根据咖啡口感要求、品牌偏好、价格等因素进行选购。

　　咖啡商业模式的成功需要走向产业化、规模化，降低成本，提高品质，同时也需要与消费者需求密切相连，不断创新和改进，以适应不同市场和消费者的需求。

（三）反思拓展

　　1. 结合以上案例，请您说明在自主探究学习的过程中，ChatGPT扮演了哪些角色，它能够为教师和学生提供怎样的帮助？

　　2. 请您尝试设计一个将ChatGPT运用到项目式学习的教学方案，并说明在此教学方案中，ChatGPT是怎样支持学生自主探究学习的？

（四）方法总结

1. 拆分复杂任务，提供学习策略

　　使用ChatGPT对于项目化学习任务进行拆解，学生可以将大问题细化为几个具体的小问题。这一系列小问题可以作为支架，为学生的学习提供支持和引导。学生在使用过程中可以直接向ChatGPT提出具体需求以便获得精准的学习支持。但应该强调的是，教师需要引导学生谨慎使用ChatGPT，以免学生过度依赖工具而导致教师在项目式教学中对学生能力培养的缺位。

2. 查询信息, 获取学习资源

ChatGPT 具有强大的信息收集与整理能力, 能够帮助学生快速且高效地收集所需资料。学生可以就学习过程中一些知识性问题向 ChatGPT 进行询问从而解决完成项目过程中的障碍。但同时, 该功能可能会导致学生失去亲身开展调查与研究的机会和兴趣, 教师需要善用该功能, 在适当的教学环节中允许学生使用 ChatGPT。

二、创意写作

《中国创意写作研究》主编、上海大学中文系教授许道军在接受记者采访时说道, ChatGPT 能迅速打开写作思路, 相当于随时随地展开"头脑风暴"。对于创意写作教学而言, 它是天然集思广益的优质工作坊伙伴, 能快速参与到作品设计与讨论中去, 学生在创作过程中遇到知识和技术上的问题, 也可与其互动而不担心被拒绝。而人类优秀作品"抢"不走的地方在于——哪怕它们并非"算法"上的"最优化", 但其行文与人类的生命、价值观、情感、理想图景融合, 有血有肉, 难以替代。①

具体而言, ChatGPT 对于创意写作能够迅速生成场景, 在复杂情节处理、场景安排、世界观核心设定与逻辑建构等方面提供了"算法"支持, 同时也能让场景设计与人物的情感、思想、外在属性的变化保持联动, 为创意写作提供思路和基础。ChatGPT 也在不断反推创意写作走向更高水平, 反推人类成为更好的提问者, "人机同行"渐成趋势。因此, 使用 ChatGPT 进行创意写作的教学及活动设计既符合时代潮流, 也能最大化工具的价值。

（一）情境引入

王老师是一名初中语文教师, 同时也是学校诗词创作社团的负责教师。学生在诗词创作的内容选取和表达方式上存在一定困难, 王老师想通过 ChatGPT 辅助学生寻求创作灵感, 更好地进行诗歌创作。

（二）应用体验

1. 诗歌直接创作

输入：请以"春之歌"为主题, 确定具体内容, 并创作一首七言绝句。

---

① 许旸.创意写作里, ChatGPT "抢"不走的是什么[N].文汇报, 2023 - 02 - 14(5).

输出：

《春色醒》

万物苏醒暖春阳，桃花含笑入画墙。

流年匆匆炫明眸，时光荏苒静深藏。

2. 诗歌仿写

输入：请模仿李清照的《如梦令·昨夜雨疏风骤》，以"春之歌"为主题，确定具体诗歌标题（标题与春之歌相关，但不能是春之歌），并以此为标题创作一首诗歌。

输出：

《花开花落，岁月如歌》

春风吹散冬的寒，百花绽放放光彩。捧觞举杯欢聚会，花开花落心如海。

醉舞纷扬花瓣落，琴声缭绕意浓浓。梦醒回首已变换，岁月如歌心难忘。

春日泛舟水上游，草长莺飞情意浓。相思只愿忘却忧，花开花落心不忘。

3. 诗歌续写

输入：请补写诗歌"春天的脚步，近了，近了……"并为诗歌拟定一个标题。

输出：

《春天的脚步》

春天的脚步，近了，近了，冬日的霜雪，渐渐退了。

大地上的万物，再次苏醒，细雨绵绵，草木生气。

溪水缓缓潺流，鸟儿欢歌响起，花儿含苞待放，静待春风吹起。

小草绿油油的，欢快地招摇着，春雨洗涤一切，清新的味道迎面而来。

赖床的人们，听到鸟儿歌唱，赶快起床，走到户外，享受春风的拥抱。

春天的温暖，让人们喜洋洋，花开花落，人们心中无限向往。

4. 诗歌改写

输入：请将以下这段话改写为一首诗歌。

春天，是万物复苏的季节，那鲜嫩的绿色，带着慵懒和生机，蔓延在大地上。你可以看到，一束束娇嫩的野花争相绽放，静静地伫立在那儿。初春的阳光，温柔而明媚，让复苏的大地沐浴在光明之中，整个世界都充满了欣喜和喜悦。微风轻拂，树叶婆娑，树枝上的鸟儿欢快地啼鸣，河流在悠闲地流淌，春雨如诗，细致而温柔。在田野里，农人们在土地上播种着希望的种子，祈求着能够收获一片金黄色的丰收。春天是来自自然的礼物，它的到来让我们眼前一亮，心情也跟着愉悦和欢腾。

输出：

《季节复苏》

春天的色彩鲜嫩，

复苏的大地生机勃勃，

一束束野花绽放，

静静地伫立在那儿。

初春的阳光明媚，

温柔的光芒洒满大地，

欣喜与喜悦共存，

整个世界仿佛在欢腾。

微风轻拂树叶婆娑，

鸟儿在枝头欢快啼鸣，

河流在悠闲地流淌，

春雨如诗，细致而温柔。

田野里农人在播种，

希望的种子滋润土地，

盼着那一片金黄丰收，

春天来自自然的礼物。

春姑娘，让我们翩翩起舞，

欣然迎接你的到来，

呼吸着你芬芳的气息，

一起感受你的美丽和活力。

5. 提供故事想法

输入：请以春天为背景，写一首叙事诗歌。

输出：

《春天的童话》

春天，终于如约而至。

大地上，万物苏醒。

花儿从土中钻出，

果树上点缀着花朵；
鸟儿欢啼，燕子筑巢。

一个小男孩从山上走来，
踏着绿草，看见花海。
他带着童真，背着书包，
摘下一朵花儿，欢呼着跑。

小男孩在花海中穿梭，
看见百花竞放，引人醉倒。
在那里，他看见了一只蝴蝶，
它在花丛中飞舞，
翩翩起舞，宛如天使。

小男孩追着它，想跟它玩耍，
却被它躲了一遍又一遍。
最后，小男孩终于抓到了它，
蝴蝶在他手中扇动着翅膀，
它如此美丽，如此灿烂。

蝴蝶在小男孩的手中停留，
下一秒，它又翩翩起舞。
小男孩笑着，欢呼着，
蝴蝶在空中成了童话里的角色。

春天的背景下，小男孩的童话，
花儿伴舞，飞蝶翩跹。
大自然给的礼物，
如此美好而多彩。

小男孩在童话里狂欢，
沐浴着春天的阳光，
春天，是世上最美的童话，
它不是梦，更不只是一个故事。

（三）反思拓展

1. 从写作立意、思想深度、凝练度、结构和美感度等角度看，您认为 ChatGPT 在创意写作方面的表现如何？

2. 人工智能对写作的影响越来越大，在人工智能时代，您认为应该从哪些方面培养学生创意写作的能力？

（四）方法总结

1. 确保人是创意写作的主体，ChatGPT 只是辅助

ChatGPT 具有强大的写作创作能力。由以上 ChatGPT 创作的诗歌可以看出，ChatGPT 所创造的诗歌不论在形式上还是内容上都已经具备了诗歌的基本要素，但这并不代表 ChatGPT 能够代替人进行创意写作，而是对人的创意写作提出了更高的要求。ChatGPT 创作的诗歌在思想深度、凝练度和美感等方面有所缺乏，有时 ChatGPT 并不能很好地区分诗歌的体裁。因此，在创意写作时，教师应当引导学生更好地体验和感悟生活，充分发挥想象力，让学生在 ChatGPT 创作的基础上汲取可借鉴的要素，将自己的所感、所想、所悟更好地表达。

2. 提供确切需求，发挥最大提问空间和效用

在用 ChatGPT 进行创作时，如果能够向 ChatGPT 明确而又详细地阐述自己创作的主题、内容、形式等方面的具体内容，其所创作的内容能够更精准地符合使用者的预期。例如在用 ChatGPT 创作七言绝句时，输入："七言绝句是一种中国传统诗歌形式，它的特点是四行构成整首诗，每行七个字，每一句结构和意义都完整独立、用意精练、意境优美。请你继续以'春之歌'为主题，确定具体内容，并创作一首七言绝句。"

第四节　ChatGPT 赋能"评"的场景

教育评价是指对教育过程、教育成果、教育质量等进行系统、科学、客观地评估和判断的过程，旨在为教育决策、教育改革和教育管理提供依据，以促进教育的发展和提高教育的质量。教育评价通常包括对学生的学习成果、教学质量、教师教学能力、教育

资源利用等进行评价，可以从不同的角度和层面进行，如从学生个体、班级、学校、地区、国家等层面进行评价。教育评价需要采用科学的方法和工具，收集和分析相关数据，以客观、准确的方式评价教育过程和成果，为教育改革和提高教育质量提供有效支持。

教育评价作为教师了解学生学习情况、进行教学进度调试等多方面教学工作开展的必要方式，始终以较为传统的方式进行着。而 ChatGPT 的出现对于教师开展评价有着划时代的意义和潜力。ChatGPT 是一种人工智能聊天机器人，在教育评价中发挥作用。通过 ChatGPT，教师可以获得有关教育评价的专业知识和建议，并获得有关学生表现的详细数据和分析。这些数据可以帮助教师更好地了解学生的学习进展和需求，从而更好地调整教学策略和方法，提高教学效果。此外，ChatGPT 还可以为教师提供有关评价标准和方法的指导，帮助他们更准确地评估学生的表现，并为学生提供更好的反馈和指导。因此，ChatGPT 可以成为教师在教育评价中的重要辅助工具，帮助他们提高教学质量。

一、评价方案制定

作为一名教师，评价贯穿于教学设计、教学过程、作业与考试等各个教育教学环节，制定一份完善的评价方案能够为整个评价过程指明方向。一份优秀的评价方案不仅能够向学生呈现清晰的目标指向，激发学习动力，改进学习方法，根据学生的不同特点和学习需求制定个性化的教学计划，还能帮助教师了解自己的教学效果，发现教学中存在的问题，并及时进行改进。ChatGPT 能够辅助教师制定更为详尽周全的评价方案，助力教师更好把握评价流程与细节。

（一）情景引入

一年一度的班级评优评先活动即将开启，为更好开展此项工作，各班班主任老师需要撰写一份详细的班级评优评先方案。王老师使用 ChatGPT 设计了一个基础版本的评价方案，并在班主任工作会议上进行了分享，邀请大家一同修改。以下呈现的是王老师使用 ChatGPT 生成的评价方案及其输入的内容。

（二）应用体验

输入：我是一名小学班主任，学期末我们班需要评选先进学生，请为这次先进评选制定评价方案。

输出：评价方案包含以下几个方面。

（1）学业方面。包括学生的学习成绩、学习态度、作业完成情况等。评价学业要以学校规定的评定标准为依据，如考试成绩、期末考核成绩、听课、参与互动等。

（2）品德方面。包括学生的良好行为表现、遵守校纪、帮助他人等方面的表现。这需要班主任通过日常观察、教学管理等手段来进行评价。

（3）社会实践方面。包括学生在义务劳动、社区服务、社会实践等方面的表现。这需要班主任通过学生的宣讲报告、项目设计方案等进行评价。

（4）创新素质方面。包括学生在综合素质、创新能力等方面的表现。这需要班主任观察学生的表现是否能够主动倡导新思路、新观念。

（5）团队合作方面。包括学生在班级内的合作情况、组织协调能力等方面的表现。这需要班主任通过学生的日常表现、班级组织、团队协作等进行评价。

根据以上五个方面，可以确定先进评选的标准和比重，制定出具体的评价和评选方案。同时班主任还需要注意公平公正，根据学生个性和特点，对不同的方面进行评价，支持学生发展特长和兴趣爱好，为学生的学习和成长提供更好的支持和帮助。

（三）反思拓展

1. 在应用体验环节中 ChatGPT 生成的这份"评价方案"的哪些内容具有借鉴价值，哪些内容还需要教师进一步修改？

2. 教师在真实的工作中常常会面临更加复杂的评价情境。王老师是小学的班主任，在学期末班会总结时需要组织学生评优评先。王老师设置了"学习之星""劳动之星""文体之星""友爱之星""进步之星"五个方面的评价称号。请您参考案例中的输入语句并适当添加相关信息，尝试使用 ChatGPT 帮助王老师生成一份评价方案。

（四）方法总结

第一，确保内容的准确性。评价方案需要考虑学科、年级、教学目标等因素，确保评价内容与教学实际情况相符。教师需要对这些内容进行审查和校对，确保内容的准确性。

第二，个性化调整。ChatGPT 生成的评价方案是通用的，即使教师尽可能告知了

ChatGPT 评价方案的相关要求，它还是无法生成完全切合评价实际的方案。教师需要根据学生群体和实际情况进行个性化调整，以确保评价方案更贴合学生的特点和教学评价的需求。

第三，反馈和改进。教师应该持续与学生、家长以及同事交流，收集反馈意见和数据，对评价方案进行改进和优化，以不断提高工作效率和评价质量。

二、评价工具设计

评价工具可以帮助教师对学生的学习成果和学习能力进行客观评估，从而更好地指导学生的学习，促进他们的个人发展。制定评价工具需要教师深入思考教学目标、学科要求等，这个过程促进了教师的专业成长和教学水平提升。ChatGPT 能够为教师在制定评价工具过程中提供有用的参考和创意，节省时间和精力，在一定程度上提高教学质量和教师职业发展水平。

（一）情景引入

王老师通过 ChatGPT 设计了一份评价方案，作为评价方案的核心内容，评价工具能够为整个教学方案的实施提供可操作的方式。王老师想通过 ChatGPT 进一步设计此次评选的评价工具。

（二）应用体验

输入：根据以上的先进评选评价方案，制定一个能够运用到实际评选的评价工具。

输出：

学 业 方 面

序号	项　目	自评分数（10 分）	互评分数（10 分）
1	学习成绩		
2	学习态度		
3	作业完成情况		

社 会 实 践 方 面

序号	项　目	自评分数（10 分）	互评分数（10 分）
1	义务劳动		
2	社区服务		
3	社会实践		

品 德 方 面

序号	项　目	自评分数 (10分)	互评分数 (10分)
1	行为表现		
2	遵守校纪		
3	帮助他人		

创新素质方面

序号	项　目	自评分数 (10分)	互评分数 (10分)
1	综合素质		
2	创新能力		

社会实践方面

序号	项　目	自评分数 (10分)	互评分数 (10分)
1	义务劳动		
2	社区服务		
3	社会实践		

团队合作方面

序号	项　目	自评分数 (10分)	互评分数 (10分)
1	合作情况		
2	组织协调能力		

（三）反思拓展

1. 在应用体验环节 ChatGPT 生成的这份班级先进评价工具在多大程度上能为您所用,哪些内容还需要进一步修改?

2. 请您选取一个教育评价场景,尝试使用 ChatGPT 做一个教育评价工具。

（四）方法总结

第一,明确评价目标。在使用 ChatGPT 设计评价工具之前,明确评价的目标和要点,并向 ChatGPT 提出明确的要求,例如"请帮我设计一个针对阅读理解能力的测验题目"或"请提供一个适用于数学作业评分的标准"。此外,还可以进一步明确要评价的学科、技能或知识点以及评价的层次和标准,将这些信息告知 ChatGPT,能够生成更符合使用场景的评价方案。

第二,筛选调整与优化。ChatGPT 可能会提供多个版本的评价工具设计方案。教师可以进行多次尝试并筛选,选择最符合实际需求和学生特点的方案。在 ChatGPT 生成的评价方案的基础上,教师需要根据学科、任教年级及课程的特点进行调整,确保评价工具的准确性和适用性。

　　第三，限制使用范围。ChatGPT 生成的评价工具是辅助工具，仍需教师的专业判断和把握。对于重要的考试或评价活动，仍建议结合教师自己的专业知识和经验设计评价方案，如有必要，可以寻求此领域有经验专家的意见与建议。

第五节　ChatGPT 赋能"管"的场景

　　学生管理是指学校管理者和教师在学生学习和生活中对学生的行为、情感、认知等方面进行全面、系统、科学的管理和指导，其目的是帮助学生养成良好的学习习惯、行为规范和道德品质，提高学生的学习成绩和综合素质，促进学生全面发展。基础教育学生管理包括学生考勤、学生纪律管理、学生评价、学生心理健康教育、学生安全教育等方面的工作。通过科学的管理和指导，基础教育学生管理可以帮助学生更好地适应学校生活，充分发挥个人潜力，为未来的发展打下坚实的基础。

　　学生管理作为教师工作的一部分，在传统的教师教育工作中，往往因为管理方式繁琐、管理效率低下等问题给一线教师造成困惑和疑虑。通过 ChatGPT，教师可以获得有关学生行为和表现的详细数据和分析，这些数据可以帮助教师更好地了解学生的需求和问题，并有针对性地进行干预和支持。此外，ChatGPT 还可以为教师提供有关学生管理的指导和建议，例如如何建立良好的师生关系、如何处理学生的纠纷和问题等。因此，ChatGPT 可以成为教师在学生管理中的重要辅助工具，帮助他们更好地管理班级和学生，提高教学效果和学生表现。

一、通知撰写

　　在教育管理场景中，教师需要频繁地撰写各种通知，例如家长会通知、班会通知、文化活动通知、放假通知等。通知的撰写常常需要耗费教师大量的时间和精力，而且需要保证信息的准确性和及时性。ChatGPT 可以为教师提供帮助，减轻教师撰写通知的负担，同时保证通知的内容清晰准确，节省教师的宝贵时间和精力。

（一）情境引入

　　李老师是光明中学初一（二）班的新任班主任，为推进新学期的各项工作，王老师计划于开学前两周组织开展家长会和班会各一场。为提升工作效率，王老师尝试使用 ChatGPT 来辅助撰写通知。

（二）应用体验

1. 用 ChatGPT 撰写家长会通知

输入：我是一名初中班主任，想要在本周六下午 3:00 在学校礼堂召开家长会，会议主题是"陪孩子度过青春期"，请以我的口吻为家长发一则通知。

输出：

亲爱的家长朋友们：

大家好！我是××初中××班的班主任，很高兴在此向大家发出一则通知。为了更好地促进家校合作，增进彼此之间的沟通交流，我们特别邀请您参加将于本周六（时间：下午 3 点；地点：学校礼堂）举行的家长会，本次家长会的主题是"陪孩子度过青春期"。

青春期是孩子人生中一个重要的转折点，也是一个充满挑战和变数的阶段。在这个过程中，家长的陪伴和支持尤为重要。本次家长会，我们将邀请专业的心理老师，从孩子青春期生理和心理变化的角度，为家长们介绍青春期的基本知识，并分享如何帮助孩子度过这个关键时期。

同时，我们也将介绍学校关于青春期教育的相关政策和措施，帮助家长更好地了解学校对学生的关注和照顾。希望通过本次家长会，我们能够更好地了解孩子的需求和困惑，一起为孩子的成长做出更好的贡献。

最后，诚挚地邀请各位家长朋友踊跃参加本次家长会，我们期待您的到来！谢谢！

2. 用 ChatGPT 撰写班会通知

输入：我是一名班主任教师，希望在下周五下午在班级中召开民主选举班干部的班会，请帮助我撰写一个班会通知，鼓励学生们积极参与。

输出：

亲爱的同学们：

大家好！本周五下午，我们将在班级中召开一次班干部民主选举班会，届时将由全体同学选举班级各个职位的班干部，包括班长、学习委员、体育委员、文艺委员、纪律委员等职位。这是我们班级重要的一次民主选举活动，也是大家展示自己才华和实现自我价值的机会。

通过班干部选举，同学们可以更好地认识自己、认识别人，增强集体意识，提高团队协作能力，同时也有机会体验竞选和被选举的快乐和挑战。因此，我非常希望大家积极参与本次选举，争取成为班级干部，为班级的发展做出自己的贡献。

本次选举将在班会上进行，届时我们将组织全体同学进行候选人演讲和投票环节，选举结果将根据投票情况公示并公正统计。我相信，我们班级一定会选出最适合的干部团队，共同打造一个更加优秀的班级！

请大家务必准时参加本次班会，届时请穿着整洁干净的校服，携带好自己的文具，以保证竞选和投票环节充分准备。如有任何问题或疑虑，请及时向我或其他老师咨询，谢谢！

（三）反思拓展

请您尝试使用 ChatGPT 撰写一则运动会注意事项或五一放假注意事项的通知，并总结使用 ChatGPT 撰写通知时，在对话输入与输出文本修改环节需要注意哪些细节。

（四）方法总结

第一，明确通知的目的和内容。在开始使用 ChatGPT 之前，教师需要明确通知的目的、受众对象以及需要包含的内容，并通过提问的方式将其准确地向 ChatGPT 表述以便获得准确、有用的回答。

第二，进一步优化调整细节。ChatGPT 可以帮助教师快速生成通知的框架，教师需对其细节进行仔细完善和编辑，在语言通顺、信息完整的基础上确保通知与自己的教学实践、学生特点相匹配。

第三，结合自己的专业知识判断。尽管 ChatGPT 能够提供一些参考，但作为教师，应该结合自己的专业知识和经验，确保通知的准确性、合理性和适用性。对于涉及重要决策或敏感信息的通知，仍需依赖教师的专业判断和把握。

第四，交流分享与合作。如果有多名教师需要准备类似的通知，可以与他们分享 ChatGPT 生成的模板，并在交流合作中共同提高通知的质量。

二、流程规章制定

（一）情境引入

作为光明中学初一（三）班的新班主任，王老师计划在下周五召开班会制定班规并开展民主选举班委活动。在李老师的推荐下，王老师尝试使用 ChatGPT 对班规进行草拟并构思班会流程。

（二）应用体验

1. 班规制定

输入：我是一名班主任，请帮我制定一个针对中学班级的班规。

输出：

（1）遵守课堂纪律，不随意离开座位，不说话打闹，认真听讲。

（2）尊重老师和同学，不恶意揶揄嘲笑他人，不打架斗殴。

（3）珍惜校园环境，不随意乱扔垃圾，不涂鸦乱画。

（4）爱护自己的财物和公共财物，不损坏教学用具、设备和设施。

（5）完成课堂作业和课后作业，按时交作业，认真对待每一次考试和测验。

（6）积极参加班级活动和校园活动，发扬集体主义精神，关爱他人，互相帮助。

希望这些班规能够帮助班级营造良好的学习和生活氛围，同时也需要老师、家长和同学们共同的努力和配合。

2. 会议流程制定

输入：我是一名班主任，希望在下周五下午在班级中召开民主选举班干部的班会，请帮助我制定一个班会议程表。

输出：

时间：下周五下午

地点：班级教室

议程：主持人开场致辞

（1）班级学生代表候选人发言，介绍自己的想法和计划。

（2）班级学生投票选出班委成员（班长、副班长、纪律委员、文体委员等）。

（3）主持人宣布选举结果，并为当选的班委颁发证书。

（4）新班委成员发言，表达感谢和承诺。

此外，您需要提前准备好选举规则、选票和候选人介绍等材料，可以在会前将选举规则和材料发给学生，让他们提前了解和准备。

（三）反思拓展

ChatGPT 可以为教师提供初步的会议议程制定框架，但教师仍需要运用自己的专业知识和经验对其进行完善，以适应实际情况。注重管理过程中的公平性、高效性，更加注重管理过程中对学生的人文关怀，结合本班学生的实际状况进行调整，得出最适合的活动流程规章与方案。请您选取一个教育管理场景，尝试使用 ChatGPT 生成规章制度、活动流程、注意事项等内容。

（四）方法总结

第一，明确具体需求。教师在提问之前，应该先明确自己的具体需求和目标。比如制定适用于不同年级、不同家庭环境学生的规章制度，或是撰写班会流程等。在此过程中，教师可以通过多次提问让 ChatGPT 提供多种方案，通过筛选和参考，找到最适合自己需求的内容。

第二，明确情景和适用性。教师在使用 ChatGPT 提供的规章制度范例时，需要明确这些内容适用的具体情境，例如针对小学、初中、高中不同年级的学生，或是针对校内生活、学习管理等不同方面。教师使用 ChatGPT 生成的规章制度范例，务必进行审查和校对，根据教育教学的具体情况和学生特点，进行必要的修改和个性化调整，以确保内容的准确性和适用性。

第三，注重学生与家长的参与反馈。学生及家长是教育教学管理的参与者以及重要力量，教师可以鼓励学生及家长参与教学管理过程，与他们共同商议 ChatGPT 生成的班级规章制度与活动流程，听取学生和家长的建议和反馈，以提高其可行性和执行力。

ChatGPT 作为一个强大的文本生成模型，可以为教师提供有用的参考和创意，但教师应该运用自己的专业知识和判断力，将其应用于实际教育教学场景中。这样，才能确保生成的规章制度符合实际需求，促进学生学习，达到教育教学管理的目的。

第六节　ChatGPT 赋能"辅"的场景

教育辅导是指在教育过程中，对学生个性化地、针对性地、全面地辅导和指导，以帮助学生克服学习和生活中的困难，提高学习成绩和综合素质。教育辅导包括学科知识的辅导、学习方法的辅导、心理健康的辅导、职业规划的辅导等方面的工作。教育辅导的目标是帮助学生充分发挥个人潜力，发展自身特长，提高自我意识和自我管理能力，以适应未来的发展和社会需求。教育辅导需要教师具备专业的知识和技能，能够根据学生的特点和需求,制定个性化的辅导计划,采取有效的辅导方法和手段,给予学生及时的反馈和支持。

在了解学生个性化需求和特点的信息后,ChatGPT 能够帮助教师更好地制定个性化的辅导计划,例如依据学生学情生成个性化作业等。ChatGPT 可以成为教师在教育辅导中的重要辅助工具,帮助教师提升教育教学辅导效果。

一、个性化作业生成

个性化作业是根据学生差异、学习需求和学习风格,为学生定制的独特作业。教师可以依据某班级在教学过程中某个知识薄弱环节,有针对性地布置个性化作业,也可以根据学生的个体差异,向不同的学生布置不同内容与难度的作业,还可以通过 ChatGPT 交互生成个性化题目,快速生成作业。综合使用 ChatGPT 的输出和自身教育教学专业知识,教师可以更好地布置个性化作业,提高教学质量和学生成绩。

（一）情境引入

张老师是一名中学英语教师,在最近的教学中,张老师发现学生对"非限定动词"这一语法知识点的掌握存在困难。针对这一问题,张老师想要在 ChatGPT 的帮助下为学生布置一份专门针对这一知识点的完形填空作业以加深巩固理解。

（二）应用体验

输入:请设计一个主题为"出游",语法测试点是与"非限定动词"相关的中学英语课程的完形填空题,需要有十个填空项,并给出题目答案。

输出:

Going on a Trip

Summer vacation was finally here and I was so excited to go on a trip with my family. We decided to go to a beach resort for a week. On the first day, we arrived at the resort and checked into our room. The room was spacious and had a great view of the ocean. We couldn't wait to get changed into our swimsuits and (1) _____ the beach.

The next morning, we woke up early to catch the sunrise. It was breathtaking! After breakfast, we decided to (2) _____ the town. We walked around the streets and visited a local market. We bought some souvenirs and took some photos.

In the afternoon，we went back to the resort and (3) _____ the pool. The pool was huge and had a water slide. We had so much fun swimming and sliding. (4) _____ we were tired，we went back to our room to take a nap.

In the evening，we went to a restaurant to (5) _____ dinner. The food was delicious and the restaurant had a great atmosphere. After dinner，we walked along the beach and watched the sunset. It was so romantic!

The rest of the week，we (6) _____ a lot of activities. We went snorkeling，scuba diving，and even parasailing. It was so much fun and we made so many great memories.

On the last day，we packed our bags and checked out of the resort. We were sad to leave，but (7) _____ grateful for the wonderful trip we had. We took one last look at the beautiful ocean and (8) _____ our way back home.

Looking back，I realized how important it is to (9) _____ a break from our busy lives and (10) _____ time with our loved ones. I will never forget this amazing trip and I can't wait to go on another adventure soon.

(A) explore　　(B) enjoyed　　(C) hit　　(D) when　　(E) have

(F) did　　　(G) equally　　(H) made　　(I) spend　　(J) take

答案：CABDE FGHJI

（三）反思拓展

1. 您认为 ChatGPT 生成的这份作业在多大程度上能为您所用，哪些内容需要进一步修改完善？

2. 请选取一个教育教学辅导的场景，尝试使用 ChatGPT 生成一份个性化作业。

（四）方法总结

针对不同学习程度学生生成个性化作业是自适应教学的一种简单形式。教师在使用 ChatGPT 进行个性化作业生成过程中需要明确三个方面：（1）学生的具体学习程度；（2）作业内容与作业目标；（3）作业形式与评价标准。通过明确这三方面内容并将其输入 ChatGPT 从而生成具有针对性的个性化作业及评价标准。

在使用 ChatGPT 进行个性化作业生成的过程中，教师需要保持主观能动性，对 ChatGPT 生成的作业进行评估，判断其是否依照学生的具体情况生成，其作业是否能够进行合适的评价。同时，教师也需要明确，作业并非学生评价的全部，教师需要拓展评价形式,设计表现性评价、过程性评价等多种评价方式。

二、批改作文

批改作文是英语和语文教师在写作教学中的关键环节,但此项工作也为教师带来了巨大的工作量。在作文批改方面,ChatGPT 能够帮助教师精准地识别学生作文中的语法错误、逻辑缺陷和语言表达问题,针对学生作文进一步优化提供具体的改进建议。

（一）情境引入

张老师在光明中学担任了两个班的英语教师,在最近的写作教学过程中,张老师每天都需要花费大量时间用于批改学生的作文,工作任务十分繁重,她希望 ChatGPT 能帮助她提升工作的效率与质量。在了解到 ChatGPT 能够帮助教师批改作文后,张老师做出了以下尝试。

（二）应用体验

输入:请你作为英语老师,用中文对我给你的作文按"评估标准"进行评估,并结合作文内容,在每一个评估标准下分别相应提出几条具体的改进建议,每一条建议都应引用作文中的原文词句来进行具体说明,尽量不要用"有些地方需要改进"之类的模糊建议,不要建议重写全文。

以下是评估标准:

（1）写作任务完成情况。如是否符合题目要求,主旨和论点是否明晰且切题等。

（2）连贯与衔接。如是否正确适度地使用了连接词,是否逻辑清晰合理等。

（3）词汇丰富程度。如是否正确适度使用了较为高级的词汇,是否避免重复用词等。

（4）语法多样性及准确性。如是否有语法、用词、拼写上的错误,是否正确适度使用了较为复杂的句式结构等。

以下是作文:

Health issues such as increased number of average weight and unhealthy levels are becoming more widespread in the world. There are several reasons for this problem，and various measures could be taken by individuals to improve the situation.

Obviously, healthy problems may be caused by a variety of factors. Firstly, the major cause about poor health is unhealthy lifestyle and diet. This is because that people nowadays relay on fast food or pre-prepared meals which often contain too much fat, salt and sugar. Consequently, it may cause unhealthy issues, such as obesity, heart disease and diabetes. Furthermore, less exercise also can be the major reason for healthy problems. Most people nowadays lead a sedentary lifestyle which means most people relax by watching television and play video games rather than doing outdoor sports. As a result, populations are increasingly overweight. The best way to solve this problem would be to possess a balanced diet. The human body requires a balanced diet. For example, people can choose some organic food instead of a diet of convenience foods. Alternatively, doing more exercise also can be done by individuals. Regular exercise is vital in maintaining a healthy body. This is because exercise burns calories and helps to build healthy bones and muscles. Consequently, it will lead to a balanced physical and psychological health.

In conclusion, individuals should tackle healthy issues by starting to eat more healthily and becoming more physically active. If these measures are taken, unhealthy phenomenon will be reduced in the future.

输出：

【写作任务完成情况】

(1) 作文内容涉及了"health issues"和"various measures could betaken by individuals to improve the situation"，从而符合题目要求。

(2) 主旨是"health issues"及其成因和解决措施，论点在文章开头有所交代，但整体上可以更加明确一些。

(3) 改进建议。

① 在开头部分，可以进一步明确主旨，例如："This essay discusses the increasing health issues in the world, analyzing the main causes-unhealthy lifestyle and lack of exercise-and proposing individual measures to combat this problem."

② 在提出措施时，可以更明确地指出"individuals"是谁，以避免歧义。

【连贯与衔接】

(1) 文章中使用了一些连接词，但有些地方可以更好地加强句子之间的衔接。

(2) 改进建议。

① 在段落之间使用更多连接词，以使文章更连贯。例如，在提到不同的因素时，可以用"moreover"来引出下一个观点，或者用"additionally"来补充信息。

② 在论述解决措施时,可以使用过渡词或短语,如"on the other hand""in addition to"来引出新的观点。

【词汇丰富程度】

(1) 使用了一些高级词汇,但也有一些重复用词的情况。

(2) 改进建议。

① 考虑使用一些同义词或近义词来避免重复。例如,"unhealthy"可以换成"unwholesome"或"unfit"。

② 尝试引入一些更具描述性的形容词和副词来丰富词汇,提升文章的表现力。

【语法多样性及准确性】

(1) 语法上有一些错误,也有尝试用较为复杂的句式结构,但可以进一步改进。

(2) 改进建议。

① 注意主谓一致和动词时态的准确性。例如,"healthy problems may be caused"应改为"health problems may be caused"。

② 尝试使用更复杂的从句和短语从句,以增加语法多样性。例如,"which often contain too much fat, salt and sugar"可以改为"which often contain excessive amounts of fat, salt, and sugar"。

③ 在使用复杂句式时,确保句子结构清晰,避免过于复杂,以免影响文章的可读性。

【综合评估】

作文在完成写作任务上还算不错,但主旨可以更明确。首先,需要加强连贯性和衔接,更好地运用连接词和过渡词。其次,在词汇方面,已使用一些高级用词,但仍需避免重复,增加描述性词汇;在语法方面,注意主谓一致和动词时态的正确性,并尝试使用更复杂的句式结构来提高文章质量。最后,要确保句子结构清晰,使整篇作文更易于理解。

（三）反思拓展

结合 ChatGPT 给出的批改意见,您认为 ChatGPT 在批改作文方面的表现如何?它的批改能为您提供怎样的参考借鉴?它的批改还有哪些需要进一步改进的内容?

（四）方法总结

第一,提供明确详尽的作文批改标准。教师可以从写作任务完成情况、连贯与衔接、词汇丰富程度、语法的多样性与准确性等多方面为 ChatGPT 设定明确的批改标准,帮助它生成更为准确和详细的反馈。

第二，ChatGPT 批改与人工批改相结合。尽管 ChatGPT 能够提供即时反馈，但它并不具备教师的教育经验和人文关怀。最好的做法是将 ChatGPT 的批改结果与教师的人工批改相结合，教师可以先让 ChatGPT 进行初步批改，然后再结合学生的学习特点和需求，依据个体差异有针对性地对学生进行深入的指导和评价。

第七节　ChatGPT 赋能"研"的场景

对于在教育一线工作的中小学教师而言，进行教育教学研究是重要且十分必要的一项活动。通过教育科研，教师们可以深入研究教学过程中的问题，发现教学模式的不足之处，寻求更加科学合理的教学策略，进而提高学生的学习效果和学习质量。因此，教育教学研究不仅能够提升教师自身的反思能力与教学能力，还是推动教育教学改革的有效途径。ChatGPT 是一款人工智能对话机器人，它可以协助教师进行教育科研的各个环节，帮助教师更加高效、便捷地进行教育教学研究；它可以帮助教师确定研究选题的范围，通过对话交流，帮助教师明确研究的目标和方向；它可以为教师提供丰富的研究资源，如学术论文、统计数据等，帮助教师更加全面地了解研究对象；它可以协助教师梳理研究思路，通过交流、提问等方式，引导教师深入思考、分析问题，从而更好地理解研究课题；它还可以协助教师撰写研究课题项目书，包括提供范文、修改建议等，帮助教师更加准确、清晰地表达研究想法，从而提高研究的质量和水平。

一、研究方案撰写

研究方案是教师申请开展教育研究或教学改革项目所需提交的重要材料，撰写研究方案能够让教师将教育教学的理论与实践相结合，帮助教师更加深入研究和思考问题，提升教育教学质量。除此之外，教师还可以通过研究方案申请资金和资源来开展教育研究和项目改进，成功获得课题资助并取得教学成果后，教师能够进一步提升职业声誉和地位，对教师的专业发展具有重要的促进意义。

在撰写研究方案的过程中，教师可以充分发挥 ChatGPT 提供相关的教育研究、案例分析、教学方法等资料的优势。ChatGPT 包含大量研究方案样本、教学改革案例、教育研究论文等文本数据，可以根据提供的问题和背景信息，生成符合相应要求的研究方案草稿，教师可以结合 ChatGPT 输出的方案草稿，根据需要进行修改和完善。

（一）情境引入

王老师是一名小学科学教师，他在教学过程中面临着学生对科学知识兴趣不高、学习效果不佳等挑战，这促使王老师进一步思考如何通过创新的教学方法来提高学生的科学素养。随着科学技术的发展，学生们日益依赖网络来获取知识。王老师发现，相比于传统教学方式，虽然基于网络的科学探究活动能够为学生提供更丰富且个性化的学习资源，促进学生合作交流，但同时也容易分散学生的注意力。那么，在教学中开展"基于网络的科学探究活动"是否能有效提升学生的科学素养呢？为对此问题进行深入探究，王老师想申请一个主题为"基于网络的科学探究活动对提高小学生科学素养有效性的研究"的课题。

（二）应用体验

输入：我需要你帮助我完成"基于网络的科学探究活动对提高小学生科学素养有效性的研究"的研究方案，请就课题研究背景、研究价值、研究目标、研究方法、研究成果、研究创新展开阐述。

输出：

【研究背景】在当今信息时代，网络已成为教育领域不可或缺的资源。同时，培养学生的科学素养是现代教育的重要目标之一。因此，本研究探讨基于网络的科学探究活动对小学生科学素养提升的有效性，以期推动科学学科教学的发展。

【研究价值】

（1）深入了解网络科学探究活动在小学科学教育中的应用情况和效果。

（2）为小学教师和教育机构提供指导，以优化教学设计和实施，提高教学质量。

（3）推动科学教育改革，培养学生的科学思维、创新能力和问题解决能力。

【研究目标】

（1）分析网络科学探究活动对小学生科学素养提高的影响因素。

（2）探讨网络科学探究活动在小学科学教育中的有效性和可行性。

（3）提出针对小学生网络科学探究活动的教学策略和指导原则。

【研究方法】本研究将采用多种研究方法，包括文献综述、实地观察、问卷调查和实验研究等。

(1) 文献综述：对国内外关于网络科学探究活动和小学科学教育的研究文献进行综合分析和总结，了解研究领域的现状和前沿。

(2) 实地观察：观察和记录小学教师在实施网络科学探究活动时的教学实践和学生反应，探究活动的设计和实施情况。

(3) 问卷调查：通过设计调查问卷，了解小学教师和学生对于网络科学探究活动的态度、体验和学习效果，收集定量和定性数据。

(4) 实验研究：设计实验组和对照组，比较网络科学探究活动对小学生科学素养提高的影响，运用统计分析方法进行数据处理。

【研究成果】

(1) 对网络科学探究活动在小学科学教育中的应用效果进行评估，探究其对小学生科学素养提高的影响。

(2) 分析网络科学探究活动的设计要素和教学策略，为教师提供有效的教学指导和教学资源。

(3) 提出针对小学生网络科学探究活动的推广和实施建议，促进科学教育改革和教学改进。

(4) 提供关于网络科学探究活动在小学科学教育中的实证研究证据，为教育决策者提供依据。

【研究创新】

(1) 以网络科学探究活动为切入点，将信息技术与科学教育相结合，探索提高小学生科学素养的有效途径。

(2) 运用多种研究方法，包括文献综述、实地观察、问卷调查和实验研究，多角度、多维度地分析网络科学探究活动的效果和实施情况。

(3) 通过实证研究，提供网络科学探究活动在小学科学教育中有效性的科学证据，为教育实践和政策制定提供依据。

综上所述，本研究将聚焦于网络科学探究活动对小学生科学素养提高的有效性进行探究。通过分析网络科学探究活动的设计要素和教学策略，为小学教师提供教学指导和资源支持，促进科学教育的改革和教学质量的提高。同时，本研究还将提供对网络科学探究活动在小学科学教育中的实证研究证据，为教育决策者制定科学教育政策提供参考。

（三）反思拓展

1. 请您从结构与内容两个方面对以上应用体验环节中 ChatGPT 撰写的研究方案做出评价，您认为有哪些内容值得学习借鉴，哪些内容仍需进一步修改完善？

2. 请您选择自己感兴趣的研究问题，运用 ChatGPT 撰写一份研究方案。

（四）方法总结

第一，明确表述研究问题。在运用 ChatGPT 辅助研究时，需向其提供明确的研究题目，如存在争议时需要补充说明，进行一定的概念界定等。也可以尽可能多地向 ChatGPT 阐明大致的研究问题，并补充说明一些重要点。

第二，提出需要 ChatGPT 进行设计的研究框架。ChatGPT 直接生成的研究设计可能与教师所需的研究设计框架存在出入，此时教师可以框定所需的研究设计框架，如"请就课题研究背景、研究价值、研究目标、研究方法、研究成果、研究创新展开阐述"。如此，教师可以获得全面且分块明确的研究设计反馈。

第三，进一步追问研究细节。ChatGPT 进行的研究设计可能存在针对性较弱的情况，此时需要教师就不明确的部分继续进行追问，如"请进一步说明研究计划"或"进一步阐述研究内容"。

第四，根据实际情况调整研究设计。教师所开展的研究存在一定的限制与倾向，如偏向实践、调查范围有限等等。教师需要依据现实情况修改研究设计，如调整研究对象、抽样方式、研究范围等等。

第五，在研究开展过程中运用 ChatGPT 进行研究补充。如开展行动研究时，可根据当前的研究设计与结果向 ChatGPT 提问，并运用其改进研究设计。

尽管 ChatGPT 具备帮助教师撰写研究方案的能力，但仍建议教师在实际撰写研究方案时，结合自身的专业知识和经验，认真地思考论证。此外，对于重要的研究项目，还需要寻求同事、导师或专业写作人员的实际指导与建议。

二、生成书稿大纲

出版书籍是教师分享自身教育经验、总结教育知识、凝练教育智慧的重要途径，在写书过程中所需要的深入研究和批判性思考能够进一步推动教师在本专业的进一步成长与发展。优秀的教师著作有可能对整个教育领域产生积极影响，影响更多教育工作者和学生，推动教育改革和进步,同时提升教师在本领域的影响力。因此,出版书籍是教师专业成长发展的重要环节。

在撰写书稿的过程中,建构一个能够清晰呈现作者写作思路和逻辑的目录框架是至关重要的。作为智能助手,ChatGPT 在这一过程中可以为教师提供完整的书稿框架。通过与 ChatGPT 的对话,教师可以得到章节结构、内容组织以及具体的写作建议和创新思路。

（一）情境引入

宋老师是一名小学英语教师,她想写一本名为《培养年轻心灵：打造积极的课堂环境》的书,分享自己在教育教学中如何通过打造课堂环境提升学生学习兴趣的经验与心得。

（二）应用体验

输入：我是一名小学英语教师,在多年的教育教学实践中积累了一些在小学英语课堂中创建积极学习环境的方法,我想将我在此方面的所思所感写成一本书,为中小学英语教师创建积极的课堂环境提供经验,书名为《培养年轻心灵：打造积极的课堂环境》,请你针对这本书帮我生成一个书稿框架。

输出：

一、序言

（一）引入积极的课堂环境对英语学习的重要性

（二）介绍本书的目的和结构

二、积极的课堂环境的理论基础

（一）积极心理学在英语教育中的应用

（二）教育心理学中的相关理论和研究

三、建立支持性的师生关系

（一）倾听和尊重学生的声音

（二）关注学生的需求和个体差异

（三）建立积极师生关系的实践策略

四、激发学生的学习兴趣和积极参与

（一）创造愉快的学习氛围

（二）设计生动有趣的教学活动和资源

（三）培养学生自主学习和积极参与的能力

五、促进英语口语和听力技能的培养

（一）提供多样化的口语练习和交流机会

（二）利用真实语境和实践活动提升听力技能

（三）建立互动式教学环境和英语角的实践经验分享

六、培养学生的自信心和积极态度

（一）激励学生探索、尝试和表达自己

（二）设定个人目标和提供成功体验

（三）鼓励学生互相支持和分享学习成果

七、创设创新学习环境

（一）引入技术工具和多媒体资源

（二）利用游戏和角色扮演活动增强学习效果

（三）探索跨学科的教学方法和资源

八、课堂管理和教学评估

（一）建立有效的课堂管理策略

（二）提供个性化的反馈和评价

（三）培养学生的自我管理和合作能力

九、结语

（一）总结主要观点和实践策略

（二）对未来英语课堂环境创设的启示和展望

（三）反思拓展

1. 你认为在以上案例中 ChatGPT 生成的书稿框架的科学性和合理性如何，有哪些内容值得借鉴？

2. 请您选择您目前正在撰写的书稿，运用 ChatGPT 进行设计，并比对自行设计的书稿框架与 ChatGPT 设计的书稿框架的异同之处与各自的优劣所在。

（四）方法总结

第一，明确表述书稿主题与内容框架。在运用 ChatGPT 辅助书稿撰写时，须向其提供明确的书稿主题与题目。如以上案例中，在输入"请帮我就《培养年轻心灵：打造积极的课堂环境》书名撰写书稿框架"的同时，补充说明"我是一名小学英语教师，在多年的教育教学实践中积累了一些在小学英语课堂中创建积极学习环境的方法，我想将我在此方面的所思所感写成一本书，为中小学英语教师创建积极的课堂环境提供经验"会让 ChatGPT 有更明确的主题概念。

第二，进一步追问书稿的细节。ChatGPT 进行的书稿框架设计可能较为简略，此时可以输入："请帮我设计一级标题下的二级标题框架，并简要说明其包含的具体内容。"

第三，在书稿撰写开展过程中运用 ChatGPT 进行研究补充。如针对每一章节内容进行单独的设计，并让 ChatGPT 丰富书稿内容。同时在撰写书稿的过程中，也可以运用 ChatGPT 提供书稿所需的材料与信息。

第八节　反思与总结

一、ChatGPT 的提问模型

美国华裔科幻作家特德·姜(Ted Chiang)把 ChatGPT 看作是万维网上所有文本的模糊 JPEG，"它保留了网上大部分信息，就像 JPEG 保留了高分辨率图像的大部分信息一样。但如果要寻找精确的比特序列，你无法找到它，得到的只是近似值。但因为这个近似值是以语法文本的形式呈现的，而 ChatGPT 擅长创建语法文本，所以它通常是可以接受的"。如何让其"分辨率"有所提升呢？许道军观察发现，如果提问越笼统，ChatGPT 回答就会越"官方"。相反，好的提问更能得到更高质量的回答，正如高手过招，步步惊心。①

基于同一工具，好的提问者能根据不断深入提问得到更多的有效信息，就如同带着不同的思路去图书馆查阅资料或使用线上搜索引擎检索信息，会搜集到不同层级和品质的参考资料。泛泛地搜索只会搜出无效的冗余信息，那么解决问题的能力只能是泛泛的。因此，教师很有必要提高提问技巧，增强与 ChatGPT 对话的有效性，掌握"提问力"。具体而言，可以从明确身份、明确内容及结构、明确结果、连续性提问四个方面出发，具体步骤与方法如下表呈现。

---

① 许旸.创意写作里，ChatGPT"抢"不走的是什么［N］.文汇报，2023－02－14(5).

表 3.3　ChatGPT 的有效提问模型

维度	内　容		举　例
明确身份	明确自身身份： (教师/年级主任/教学管理者+学段+任教科目)		我是一名小学三年级的教师,最近想要针对小学三年级的学生开发一门主题为"触摸本草,行走的课程之旅"的综合实践活动课程,请你针对此次课程……
	ChatGPT的角色	历史人物	现在你是孔子,我会与你展开对话:请问你的人生追求是什么?
		口语练习伙伴	Now I want to start oral practice with you. I ask a question, you reply me and continue to ask me a question.
		讨论引导者	接下来,我希望你就"为什么环保对我们的未来至关重要"展开持续讨论,引发我的思考
		作文修改辅助	如何改进这篇文章的结构,你有什么写作技巧可以分享吗?
明确内容及结构	学生基本信息及学情		需要结合小学五年级学生……的特征……
	主题		以"做时间的小主人"为题设计一个数学跨学科主题学习活动
	程度词		详细阐述/简要概述/×××字左右/不超过×××字
	告知细节		我想写一本书名为《培养年轻心灵:打造积极的课堂环境》的书,为中小学英语教师创建积极的课堂环境提供经验,请你针对这本书帮我生成一个书稿框架
	告知结构与角度		请就课题研究背景、研究价值、研究目标、研究方法、研究成果、研究创新展开阐述
明确结果	文本形式		请以表格/标题与副标题/目录框架/表达式与公式/引文/书名的形式呈现
	文本文体		请以诗歌/题目/故事/剧本的形式呈现
连续性提问	生成完整回答(常用于 ChatGPT 要生成的内容太多,没有一次性呈现完整内容的情况)		回答不完整,请继续
	寻求某一部分更详细的解释		课程设计的目标板块不错,你能否对此次活动所涉及的学科的课程标准板块做更加详细的阐释?
	部分肯定+需要进一步完善之处		以上的回答不错,能否举例展开进一步论证?

二、人机协同：教师使用 ChatGPT 的原则

（一）了解 ChatGPT 的工作原理和局限

在使用 ChatGPT 开展教学工作之前，教师应该了解 ChatGPT 的生成方式、算法和模型，了解其生成的内容和结果的可靠性和准确性，以便在使用时理解其生成的内容和结果。了解其原理与局限有助于教师理解 ChatGPT 的运作方式，同时也能够更好地从使用者角度探索更多在教育教学过程中利用 ChatGPT 进行工作的场景。

（二）将 ChatGPT 作为辅助工具而非替代工具

当前人工智能技术尚不成熟，在教育教学过程中，教师不能完全依赖人工智能技术，要认识到它无法替代教师的工作。当前，我们普遍将人工智能或其他教育技术工具与手段看作是一种途径，并将教师囊括在"智能技术辅助教育教学"这一系统之中，由教师在这一系统中掌控并调节技术工具发挥的作用。因此，教师应该将 ChatGPT 作为辅助工具，而不是替代工具，要保持对教学的主导权，根据学生的实际情况进行个性化的教学计划和教学辅导。

（三）使用 ChatGPT 时要遵守相关法律法规和道德规范

教师应该在使用 ChatGPT 时遵守相关法律法规和道德规范，避免使用 ChatGPT 进行不当行为或侵犯他人权益。教师在使用 ChatGPT 时，可能会涉及学生的个人信息和隐私，如果不遵守相关法律法规和道德规范，可能会侵犯学生的权益、降低教育教学质量，影响学生的学习效果和兴趣，甚至会导致不公正的行为和结果，影响社会公正和稳定。对此，教师应该加强自我约束和监督，避免使用 ChatGPT 进行不当行为或侵犯他人权益，保护学生隐私，同时学校和教育机构应该加强对教师的法律法规和道德规范教育，使教师充分了解相关规定和要求。

（四）对 ChatGPT 生成的内容进行评估和修改

教师应该对 ChatGPT 生成的内容进行评估和修改，确保其质量和适用性，不能盲目接受 ChatGPT 生成的内容。ChatGPT 是基于机器学习的技术，生成的内容可能存在不准确或不恰当的情况，教师需要对其进行评估和修改，确保内容的准确性和恰当

性。由于数据来源和模型训练等原因,ChatGPT 生成的内容可能存在偏见或歧视,教师需要对其进行评估和修改,避免对学生产生负面影响。此外,教师需要根据课程要求对 ChatGPT 生成的内容进行评估和修改,确保内容与课程要求相符。

因此,教师应该增强对 ChatGPT 生成的内容进行评估和修改的意识,确保内容的准确性和恰当性,确保内容与课程要求相符;应该加强自我约束和监督,避免因不当使用 ChatGPT 而导致内容不准确或不恰当的情况。

（五）培养学生的创造力和思维能力

教师在使用 ChatGPT 时,应该注重培养学生的创造力和思维能力,引导学生发现问题、提出问题、解决问题,而不是仅仅依赖 ChatGPT 生成的内容。传统教学模式注重知识传授,忽视学生创造力和思维能力的培养。而使用 ChatGPT 进行教育教学,学生更容易被动地接收信息,缺乏主动思考和创造。现代社会对于创新和创造力的要求越来越高,仅仅掌握知识已经不能满足人们的需求,培养学生的创造力和思维能力已经成为教育的重要任务。

因此,教师在使用 ChatGPT 辅助教育教学的过程中需要注意引导学生主动思考和提问,如引导学生提出问题,让学生思考并寻找答案,从而培养学生的思维能力;鼓励学生创新和尝试,如给学生提供一些有新意的题目,让学生尝试从多个方面思考并解决,从而培养学生的创造力;也可以组织学生进行小组讨论或合作项目,让学生在交流合作中互相学习和启发,从而培养学生的创造力和思维能力。

总之,教师在使用 ChatGPT 时需要全面考虑学生的需求和实际情况,合理运用 ChatGPT 的优势,同时注意其局限和不足,以便更好地实现个性化教学,提高学生的学习效果。

三、ChatGPT 使用场景下教师的角色及应具备的素养

（一）使用 ChatGPT 进行教育教学时的教师角色

使用 ChatGPT 进行教育教学,相较于传统教育方式,将会需要教师承担更多样的角色。教师不仅需要具备丰富的教育教学知识和技能,同时还需要具备创新精神和敏锐的观察力,以便在教学过程中及时发现和解决问题,提高学生的学习效果和成绩。

1. 设计者

教师需要设计合适的教学内容和教学方式，以确保 ChatGPT 在教学中的应用能够达到预期的效果，需要根据学生的年龄、学科和学习目标等因素，设计出符合学生需求的教学方案。

2. 引导者

教师需要引导学生在 ChatGPT 的使用中掌握正确的学习方法和技巧，以提高学生的学习效果；需要在 ChatGPT 的使用过程中，及时给予学生反馈和指导，帮助学生理解和掌握知识。

3. 监督者

在学生使用 ChatGPT 的过程中，教师需要监督学生，确保学生的学习行为符合教育教学的规范和要求；需要定期检查学生的学习进度，确保学生能够按照教学计划完成学习任务。

4. 评价者

教师需要对学生在 ChatGPT 使用中的表现进行评价，以便及时发现和纠正学生存在的问题；需要根据学生的学习成果和表现，对学生进行评价和反馈，以促进学生的学习和进步。

5. 创新者

教师需要不断探索和尝试新的教学方式和方法，以适应 ChatGPT 技术的不断发展和变化；需要不断更新自己的知识和技能，以提高自己的教学能力和水平。

（二）使用 ChatGPT 进行教育教学时教师应具备的素养

教师在使用 ChatGPT 进行教育教学时，应具备相应的技术素养、教育素养、交流素养和自我学习素养等，以便更好地应对教学过程中的各种挑战和问题，提高学生的学习效果和成绩。

1. 技术素养

教师需要掌握 ChatGPT 技术的基本原理和操作方法，以便能够熟练地使用 ChatGPT 进行教育教学。同时，教师还需要具备一定的计算机和网络技术知识，以便能够熟练地操作各种教学软件和工具。

2. 教育素养

教师需即时了解学生学习需求，依据自身丰富的教育教学知识和经验，辨别 ChatGPT 提供的信息是否真实、准确、可靠，能否用于教育教学场景以及怎样在各类教育教学场景中应用。

3. 交流素养

教师需要具备良好的语言表达与沟通交流能力，在适当的场景采用恰当的提问方式与 ChatGPT 进行有效提问，并根据其回应与之对话，不断使 ChatGPT 的输出内容迭代完善。

4. 自我学习素养

教师需要具备自我学习能力和意识，不断更新自己的知识和技能，以适应 ChatGPT 技术的不断发展和变化，提高自己的教学能力和水平。

第四章 赋能发展：
教师智能教育素养促进
ChatGPT 创新应用

随着科技的发展，人工智能等技术渗透进教育场域，引发了教与学的范式变革。2017 年国务院发布的《新一代人工智能发展规划》就将"发展智能教育"作为一项重要内容，强调要利用人工智能技术推动教育教学改革。新要求对教师发展提出新挑战。2018 年中共中央、国务院颁布的《关于全面深化新时代教师队伍建设改革的意见》中提出，教师要适应信息化、人工智能等新技术变革，积极有效地开展教育教学。随着 ChatGPT 的出现，面对智能时代的新要求，教师愿意接受吗？影响因素是什么？什么是教师智能教育素养？当前中小学教师智能教育素养的水平如何？如何通过教师智能教育素养，使教师更好地使用 ChatGPT？本章将就这些问题进行探讨。

本章框架 💻

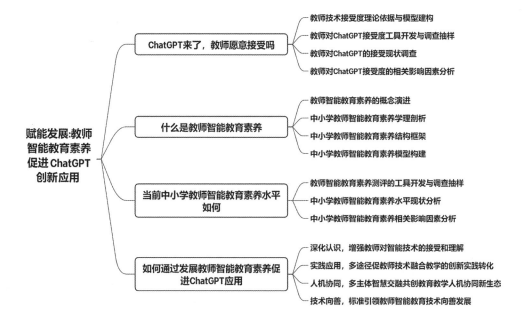

第一节　ChatGPT 来了，教师愿意接受吗

当我们向 ChatGPT 提问："你猜想教师们对你会有什么看法？"时，ChatGPT 的回答如下：

虽然我不能准确猜测教师们的想法，但可以提供一些可能的观点。

（1）科技工具。教师可能会认为我是一个有用的科技工具，能够为他们的教学工作提供支持和资源。他们可能会欣赏我能够提供各种学科的知识和信息，以帮助他们更好地解释和传达概念。

（2）教学辅助。教师可能会将我视为一种教学辅助工具，可以用来补充课堂上的教学内容。他们可能会利用我来创建练习题、示范写作、模拟对话等，以增强学生的学习体验。

（3）时间节省。教师可能会认为我可以帮助他们节省时间，因为我可以快速地回答他们的问题，提供各种解释和参考材料，减少他们在准备课程和回答学生疑问上的时间和精力投入。

（4）学习资源。教师可能会将我视为一个丰富的学习资源，可以为他们提供新的教学思路、案例研究和跨学科的知识，以便更好地满足学生的需求。

然而，也可能会有一些教师对于使用人工智能辅助教学持保留态度，担心过度依赖科技会影响传统的教学方式和人际交流。每位教师的看法都可能不同，这取决于他们的教学理念、经验和实际需求。

学前互动

亲爱的老师，你对 ChatGPT 的接受度如何？以下是 ChatGPT 制作的选择题，请自测一下吧！

表 4.1　教师对 ChatGPT 接受度的模拟测试

---

1. 你是否认为 ChatGPT 能够为学生提供有价值的补充教材？
   A. 是，我认为 ChatGPT 是一个有用的教学工具。
   B. 不确定，我还在评估 ChatGPT 的潜在用途。
   C. 不是，我认为 ChatGPT 无法取代传统的教材和方法。

---

2. 你是否在课堂上使用 ChatGPT 来解答学生的问题？
   A. 经常，我积极地将 ChatGPT 作为辅助教学工具。
   B. 偶尔，我在特定情况下使用 ChatGPT。
   C. 不使用，我更喜欢传统的课堂互动。

---

3. 你对于 ChatGPT 提供的答案和解释的准确性有何看法？
   A. 非常准确，我认为 ChatGPT 的回答很可靠。
   B. 有些准确，我觉得 ChatGPT 的回答有时需要进一步验证。
   C. 不太准确，我对 ChatGPT 的准确性表示怀疑。

---

4. 你是否担心学生过度依赖 ChatGPT 会影响其写作和思考能力？
   A. 是，我认为过度使用 ChatGPT 可能削弱学生的自主学习能力。
   B. 有所担忧，但我相信在适当情况下使用 ChatGPT 仍有益处。
   C. 不担心，我认为 ChatGPT 可以帮助学生提高写作和思考能力。

---

5. 你是否愿意参与培训，以更好地利用 ChatGPT 来支持教学？
   A. 是，我希望获得培训以更好地整合 ChatGPT 到教学中。
   B. 或许，我可能会考虑参加培训，但需要更多了解。
   C. 不愿意，我认为培训对我们的教学没有太大帮助。

ChatGPT 作为新一代生成式人工智能技术一经推出便吸引了各界关注。教师是一线课堂的实践者，如果一项技术不能被教师接受，那这项技术很难在教育场域得到真正的推广。对教师而言，对此项新技术的接受程度会直接影响教师人机协同行为的开展以及对于智能时代学生发展的有效引领。面对新兴的生成式人工智能技术，中小学教师的看法如何？在这一节，我们将通过一个调查，研究当前中小学教师对 ChatGPT 的接受度。

一、教师技术接受度理论依据与模型建构

由于技术在教育领域的不断融合推进和深化应用，教师技术接受度的研究一直备受学界关注。文卡泰什（Venkatesh）等人于 2003 年提出整合型科技接受度模型——UTAUT 模型，此模型包括绩效期望、努力期望、社群影响、促成条件四个核心要素，以及教龄、性别、经验和自愿性四个调节变量，模型被广泛应用于探究用户接受行为。[1] 伯奇（Birch）等运用 UTAUT 模型探究影响职前教师接受 ICT 技术的因素。[2] 维加雅（Wijaya）等应用 UTAUT 模型分析中国数学教师使用数学微课的行为意向与影响因素。[3] 王钰彪等基于 UTAUT 模型分析中小学教师对机器人教育的接受度及影响因素。[4] 冯吉兵等以央馆中小学虚拟实验教学实验区实验校的教师为调查对象，运用 UTAUT 模型探究中小学教师虚拟实验教学能力。[5] 据此，本研究依据 UTAUT 模型，结合本土情况和 ChatGPT 特点，探究中小学教师对 ChatGPT 的接受度与影响因素。

本研究在 UTAUT 模型基础上，考虑当前中小学教师大多不具备丰富的 ChatGPT 使用经验，所以删去经验和自愿性这两个调节变量。同时，由于 ChatGPT 本身的使用限度和伦理风险，所以增添感知风险这一核心要素，并且增添学段、应用态度和应用频率作为调节变量，调整后的模型如图 4.1 所示。

---

①④ 王钰彪,万昆,任友群.中小学教师机器人教育接受度影响因素研究[J].电化教育研究,2019,40(6)：105-111.

② Birch A, Irvine V. Preservice Teachers' Acceptance of ICT Integration in the Classroom: Applying the UTAUT Model[J]. Educational Media International, 2009, 46(4)：295-315.

③ Wijaya T T, Cao Y, Weinhandl R, et al. Applying the UTAUT Model to Understand Factors Affecting Micro-lecture Usage by Mathematics Teachers in China[J]. Mathematics, 2022, 10(7)：1008.

⑤ 冯吉兵,张国良,靳帅贞,等.中小学教师虚拟实验教学能力提升的对策研究——基于技术接受度测评[J].中国电化教育,2022(7)：120-126+133.

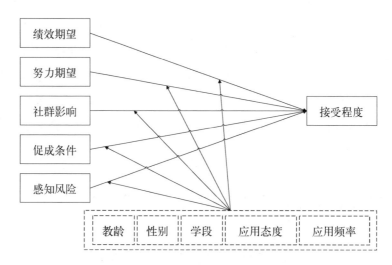

图 4.1　教师 ChatGPT 接受度影响因素理论模型

根据调整后的模型，本研究提出以下假设，见表 4.2。

表 4.2　ChatGPT 教师接受度各维度研究假设

绩效期望	H1：绩效期望与教师对 ChatGPT 的接受度存在直接正相关影响
	H1-1：教师运用 ChatGPT 的绩效期望在不同性别、不同教龄、不同学段、不同应用态度和不同应用频率间存在显著差异
努力期望	H2：努力期望与教师对 ChatGPT 的接受度存在直接正相关影响
	H2-1：教师运用 ChatGPT 的努力期望在不同性别、不同教龄、不同学段、不同应用态度和不同应用频率间存在显著差异
社群影响	H3：社群影响与教师对 ChatGPT 的接受度存在直接正相关影响
	H3-1：教师运用 ChatGPT 的社群影响在不同性别、不同教龄、不同学段、不同应用态度和不同应用频率间存在显著差异
促成条件	H4：促成条件与教师对 ChatGPT 的接受度存在直接正相关影响
	H4-1：教师运用 ChatGPT 的促成条件在不同性别、不同教龄、不同学段、不同应用态度和不同应用频率间存在显著差异
感知风险	H5：感知风险与教师对 ChatGPT 的接受度存在直接正相关影响
	H5-1：教师运用 ChatGPT 的感知风险在不同性别、不同教龄、不同学段、不同应用态度和不同应用频率间存在显著差异
接受程度	H6：教师运用 ChatGPT 的接受程度在不同性别、不同教龄、不同学段、不同应用态度和不同应用频率间存在显著差异

二、教师对 ChatGPT 接受度工具开发与调查抽样

（一）测评工具设计

本研究基于文卡泰什开发的原始量表,结合 ChatGPT 相关应用情况,改编设计测量题项。为保障调查问卷的信效度,预先进行了一轮小样本测试,最终编制的正式问卷由两部分组成:第一部分调查中小学教师的基本情况,共 10 个题项,具体包括教师性别、教龄、学段、ChatGPT 应用态度和应用频率等;第二部分调查中小学教师对 ChatGPT 的接受程度(AD),从绩效期望(PE)、努力期望(EE)、社群影响(SI)、促成条件(FC)和感知风险(PR)五个因素调查,共 31 个题项。问卷编制采用李克特五级评分,1—5 分别表示非常不认同、较不认同、一般、较认同和非常认同。[①]

（二）问卷信效度分析

为确保问卷有良好的效度,本研究首先对问卷内部结构进行探索性因子分析,KMO 值为 0.907,Bartlett 卡方值为 6 560.240($p=0.000<0.001$),因此,问卷符合进行因子分析的条件。为使矩阵题项更具解释性,本研究采用最大方差旋转法得到旋转成分矩阵。如表 4.3 可见,问卷题项设置的六大维度与探索性因子分析所提取的公因子对应,且题项中对应因子的载荷仅 2 个低于 0.7,其余因子载荷均大于 0.7,这表明该接受度问卷具有良好的效度。

表 4.3　问卷探索性因子分析结果

	接受程度	绩效期望	促成条件	感知风险	努力期望	社群影响
PE1		0.668				
PE2		0.702				
PE3		0.726				
PE4		0.804				

---

① Venkatesh V, Morris M G, Davis G B, et al. User Acceptance of Information Technology: Toward a Unified View [J]. Mis Quarterly, 2003, 27(3): 425-478.

续　表

	接受程度	绩效期望	促成条件	感知风险	努力期望	社群影响
PE5		0.792				
PE6		0.758				
EE1					0.825	
EE2					0.790	
EE3					0.733	
SI1						0.751
SI2						0.765
SI3						0.761
FC1			0.895			
FC2			0.898			
FC3			0.868			
FC4			0.875			
FC5			0.818			
PR1				0.840		
PR2				0.847		
PR3				0.874		
PR4				0.823		
AD1	0.845					
AD2	0.844					
AD3	0.838					
AD4	0.838					
AD5	0.545					

续　表

	接受程度	绩效期望	促成条件	感知风险	努力期望	社群影响
AD6	0.771					
AD7	0.763					
AD8	0.820					
AD9	0.818					
AD10	0.819					

为确保问卷有良好的信度，本研究采用克隆巴赫系数（Cronbach's α）进行检验。通过 SPSS 分析发现，所有变量的克隆巴赫系数均高于 0.9，问卷的整体克隆巴赫系数（总 Cronbach's α）为 0.966，如表 4.4 所示，这表明该接受度问卷具有良好的信度。

表 4.4　问卷信度分析结果

	绩效期望	努力期望	社群影响	促成条件	感知风险	接受程度
Cronbach's α	0.933	0.944	0.937	0.953	0.932	0.966
总 Cronbach's α	0.966					

（三）研究对象与数据处理

问卷调查采用在线发放问卷的形式，获得有效问卷 166 份。其中，参与调研的中小学教师女性占比 68.67%，男性占比 31.33%；教龄在 5 年及以下的教师占比 42.17%，6—10 年教师占比 15.66%，11—20 年教师占比 17.47%，21 年及以上教龄教师占比 24.7%；城市教师占比 62.05%，乡村教师占比 37.95%；公立学校教师占比 87.35%，私立学校占比 12.65%。学段方面，小学及幼儿园教师占比 57.83%，初中教师占比 33.73%，高中教师占比 6.63%，其他占比 1.81%；关于 ChatGPT 应用场景，当前教师最为认同的 ChatGPT 应用场景为备课（83.73%）和教研（77.71%），其次为课堂教学（60.84%）、教学评价（52.41%）和教育教学管理（51.2%）；应用态度方面，对 ChatGPT 态度积极教师占比 33.73%，态度乐观教师占比 51.2%，态度谨慎教师占比 15.06%；应用频率方面，周月频应用（每周/月至少一次）教师占比 35.54％，年频应用（每年至少一次）教师占比 15.06％，从来不用的教师占比 49.4％。

三、教师对 ChatGPT 的接受现状调查

研究结果显示，六个变量的标准差均小于 1.0，这表明各变量得分集中围绕均值分布，均值具有良好的代表性，如表 4.5 所示。总体来看，中小学教师对 ChatGPT 整体接受程度均值为 3.84；绩效期望、努力期望、社群影响、促成条件和感知风险的得分处于 3.43—3.70 之间。绩效期望均值最高，为 3.70；努力期望均值最低，为 3.43。

表 4.5 模型变量的描述性统计分析

	均 值	标 准 差
绩效期望	3.70	0.78
努力期望	3.43	0.88
社群影响	3.44	0.90
促成条件	3.55	0.81
感知风险	3.65	0.77
接受程度	3.84	0.76

（一）绩效期望：教学效率提升、教学创新和专业发展是教师应用 ChatGPT 的主动力

绩效期望的题项选择中，得分均值超过 3.8 的题项要素分别指向教学效率提升、教学创新和专业发展。认同应用 ChatGPT 可以促进教学创新的教师占比71.69％，均值为 3.87；认同在教学中应用 ChatGPT 有利于提升教学效率的教师占比69.88％，均值为 3.84；认同使用 ChatGPT 有助于促进自身专业发展的教师占比66.87％，均值为 3.82。综上可知，教学效率提升、教学创新和专业发展是教师应用 ChatGPT 的主动力。

（二）努力期望：缺乏技术学习应用信心是教师应用 ChatGPT 的阻滞带

在努力期望的题项选择中，过半教师对应用 ChatGPT 信心不足。52.41% 的教师认为在教育教学中应用 ChatGPT 对自己来说不太容易，47.59% 的教师认为在教学实践中学习应用 ChatGPT 所需要的技能不太容易，52.41% 的教师认为自己不能很快适应在教学实践中应用 ChatGPT。也就是说，技术学习应用信心的缺乏阻滞了教师在一线教学中应用 ChatGPT。

（三）社群影响：教师学习共同体间形成应用氛围是教师应用 ChatGPT 的能量场

在社群影响的题项选择中，教师学习共同体间形成 ChatGPT 的整体应用氛围，最有助于促进教师个体应用 ChatGPT。选择如果同事都在教学中应用 ChatGPT，那么自己也会尝试的教师占比 68.07%，选择学校领导的鼓励会促使自己在教学中应用 ChatGPT 的教师占比 48.19%，选择相关教育部门的鼓励会促使自己在教学中应用 ChatGPT 的教师占比 48.19%。可以明显看到，近社交范围的教师学习共同体间形成应用氛围是教师应用 ChatGPT 的能量场。

（四）促成条件：学校支持和应用培训资源是教师应用 ChatGPT 的驱动力

在促成条件的题项选择中，学校的支持和 ChatGPT 相关应用的培训资源最能驱动教师技术的应用。56.63% 的教师认为学校为 ChatGPT 赋能教育教学提供的资源不足；50.6% 的教师认为学校缺乏对于 ChatGPT 应用的支持配套政策制度；56.63% 的教师认为当前 ChatGPT 赋能教育教学的优质资源不足，加大了自己实际使用 ChatGPT 的难度；53.62% 的教师认为相关教育部门或学校提供的 ChatGPT 教学应用培训不足，加大了自己的教学使用难度。由此可以看出，如若加大学校支持和教学应用培训资源供给，可以驱动教师应用 ChatGPT。

（五）感知风险：隐私泄露、过度依赖和效果质疑是教师应用 ChatGPT 的防备点

在感知风险的题项选择中，隐私泄露、过度依赖和效果质疑是教师应用 ChatGPT 的风险隐患。59.64% 的教师担心使用 ChatGPT 可能泄露自己的个人隐私；59.64% 的

教师担心经常使用 ChatGPT 会对其过度依赖，造成主体迷失；58.44％的教师担心在教育教学中应用 ChatGPT 可能无法达到自己预期的教学效果。

四、教师对 ChatGPT 接受度的相关影响因素分析

（一）核心要素分析

在对核心要素进行描述性统计分析的基础上，通过计算皮尔逊积差相关系数，进一步探究变量间的相关程度。

表 4.6　教师对 ChatGPT 接受度与各影响因素的相关系数

	绩效期望	努力期望	社群影响	促成条件	感知风险	接受程度
绩效期望	1					
努力期望	0.683**	1				
社群影响	0.697**	0.633**	1			
促成条件	0.321**	0.192*	0.301**	1		
感知风险	0.294**	0.161*	0.239**	0.515**	1	
接受程度	0.664*	0.551**	0.562**	0.388**	0.457**	1

注：* 表示 $p<0.05$，** 表示 $p<0.01$，*** 表示 $p<0.001$。

如表 4.6 所示，绩效期望、努力期望、社群影响、促成条件和感知风险五个核心要素均对中小学教师的 ChatGPT 接受程度有显著正向影响，影响作用由强到弱依次为绩效期望（$\beta=0.664$，$p=0.000<0.05$）、社群影响（$\beta=0.562$，$p=0.000<0.01$）、努力期望（$\beta=0.551$，$p=0.000<0.01$）、感知风险（$\beta=0.457$，$p=0.000<0.01$）、促成条件（$\beta=0.388$，$p=0.000<0.01$）。

（二）调节变量分析

由于中小学教师个体具有不同的基本特征，运用单因素方差分析和独立样本 T 检验，对教师不同的基本特征进行差异分析。研究结果表明，不同性别的教师在 ChatGPT 接受度方面没有显著差异。教龄方面，5 年以下新手教师和 5—20 年成熟型

教师无显著差异,5 年以下新手教师和 20 年以上高教龄教师之间存在显著差异,5—20 年成熟型教师和 20 年以上高教龄教师之间存在显著差异,20 年以上高教龄教师技术接受度显著低于其他教龄教师;不同学段的教师在 ChatGPT 接受度方面没有显著差异;应用态度方面,态度积极、态度乐观和态度谨慎的教师间互有显著性差异,其中态度积极教师的 ChatGPT 接受度(M=4.22,St=0.78)显著高于态度乐观教师(M=3.78,St=0.68),态度乐观教师的 ChatGPT 接受度显著高于态度谨慎教师(M=3.18,St=0.50);应用频率方面,仅周月频应用和从来不用的教师间有显著性差异,周月频应用教师的 ChatGPT 接受度(M=4.01,St=0.79)显著高于从来不用教师(M=3.74,St=0.69)。

（三）影响因素回归分析

前述已经证明五个核心要素对接受程度均有显著性影响。另外,通过之前的单因素方差分析可知,教师的教龄、应用态度和应用频率等调节变量对接受程度同样有显著性影响。因此,对其进行调节作用分析,探究这些变量对教师接受程度的具体影响,得到教师 ChatGPT 各因素对接受程度的影响路径,如图 4.2 所示。

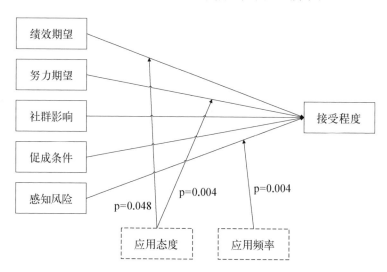

图 4.2　教师 ChatGPT 各因素对接受程度的影响路径

总的来说,在 ChatGPT 接受度影响因素方面,绩效期望对中小学教师的 ChatGPT 接受程度有正向显著影响,教师 ChatGPT 应用态度在其中有调节作用;努力期望对中小学教师的 ChatGPT 接受程度有正向显著影响,教师 ChatGPT 应用态度在其中有调节作用;社群影响对中小学教师的 ChatGPT 接受程度有正向显著影响;促成条件对中小学教师的 ChatGPT 接受程度有正向显著影响;感知风险对中小学教师的 ChatGPT

接受程度有正向显著影响，教师 ChatGPT 应用频率在其中有调节作用。

第二节　什么是教师智能教育素养

在人工智能技术与教育深度融合的时代背景下，2018 年《教育部办公厅关于开展人工智能助推教师队伍建设行动试点工作的通知》（教师厅〔2018〕7 号）首次提出"教师智能教育素养"的概念：对教师进行智能教育素养培训，帮助教师把握人工智能技术进展，推动教师积极运用人工智能技术，改进教育教学、创新人才培养模式。强调要提升教师的智能教育素养。

当我们向 ChatGPT 提问："什么是教师智能教育素养？"时，ChatGPT 的回答如下：

教师智能教育素养是指教师在数字化、信息化和智能化时代，适应和应对教育技术和人工智能发展的能力和素质，它包括了教师在利用各种技术和工具进行教学、学习分析和学生支持方面的知识、技能和态度。

具体来说，教师智能教育素养涵盖了以下几个方面。

（1）数字素养。教师需要熟练使用各种数字技术，包括电子邮件、网络资源、多媒体教学工具、在线课程平台等，以便更好地与学生互动、传递教学内容、管理课程。

（2）数据分析能力。教师应具备分析学生学习数据的能力，从中获得洞见并进行个性化教学。了解如何使用学习分析工具，识别学生的学习需求，从而调整教学策略。

（3）创新思维。教师需要具备创新意识，能够探索如何融入新兴的教育技术和工具，以提升教学效果。他们可以尝试设计在线互动活动、虚拟实验室、沉浸式体验等创新教学方式。

（4）学习科技。教师应了解最新的教育技术趋势，包括人工智能、虚拟现实、增强现实等，以便能够在教学中应用相关技术，丰富学生学习体验。

（5）伦理和隐私。教师需要明确并了解如何在教育技术和人工智能应用中维护学生的隐私权和数据安全，遵循伦理原则。

（6）协作能力。教师在智能教育环境中需要与技术人员、教育专家等合作，共同制定和实施教育科技方案。

总之，教师智能教育素养强调了教师在数字化时代中保持灵活、适应变化并有效利用教育技术的能力，以提升自己的教学质量和学生的学习成果。

一、教师智能教育素养的概念演进

信息技术在涉入教育领域后，为教育带来引人遐想的可能性的同时，也增添了各种对教师的期许。这些期许以各种各样的形式表现在不同的教师素养内涵之中。智能教育素养作为当前对教师素质的新要求，其丰富内涵可以通过梳理教育技术领域教师素养概念群的发展来揭示，同时为教师智能教育素养找到独特意蕴。在中国知网上以"素养"为核心关键词，筛选摘要含有"技术""教师"的 CSSCI（中文社会科学引文索引，Chinese Social Sciences Citation Index）文献，共有 928 篇，导入 BICOMB 软件进行关键词提取，提取到关键词 3 945 个。筛选包含"素养"的、与信息技术直接相关的关键词，并限定频次大于 3 次，最终获得有效关键词 10 个。对应关键词和首末次 CSSCI 发文时间，如表 4.7 所示，这些教育技术场域中的教师素养共同构成了一个概念群。教师素养的概念群是一个开放系统，其中的要素、条件和关系都在不断地迭代。概念群中，不同素养间的关系并不是线性的，而是处于相互作用之中。

表 4.7　教育技术领域教师素养概念群

教师素养	出现年份	频次	理　　解
信息素养	2001	147	除了一般性地能够认识到何时需要信息，能够获取、检索、评估和有效地利用信息外，具有信息的观念和传播信息的意识、应用信息及信息技术的能力、教学媒体和功能的选择能力以及媒体的整合能力
技术素养	2002	9	教师为了学生的有效学习，促使学生利用信息和通信工具
信息技术素养	2006	13	教师为何借助信息技术、如何借助信息技术以及借助哪些信息技术来达成既定的教育教学目标
教育技术素养	2006	6	不仅关注教师的教学，还扩展到整个教育链条之中，包括科研发展、合作交流和社会责任等
数据素养	2013	17	由数据意识、数据能力和数据伦理三大部分组成

续　表

教师素养	出现年份	频次	理　　解
新媒体素养	2014	3	利用大量的新媒体工具及主要新媒体源使问题得到解答的技术和技能
数字素养	2017	11	包含数字化意识、数字技术知识与技能、数字化技术、数字社会责任和专业发展
媒介素养	2017	7	不仅包括教师科学的媒介信息理念，而且涵盖了教师负责任的媒介传播行为
人工智能素养	2020	4	个人能够批判性地评估人工智能技术，有效地与人工智能沟通和合作，并将人工智能作为教育教学工具的能力
智能教育素养	2020	4	掌握智能教育综合知识，通过人机协同的教育教学路径，促进教师自身智能专业发展，同时发展学生的智能素养

（一）信息时代：从教学到教育，关注信息传播的方式和效率

21 世纪初，当信息技术逐步深入大众生活乃至进入教育场域时，首先改变的是教育信息的传播方式。信息传播理论认为，完成信息传播包含四大要素：传播者、传播内容、传播媒介和受传者。在传统课堂中，教师是唯一的传播者，具有绝对的知识权威；传播内容即教师按照教学大纲教授教科书编制的内容；板书和讲授是最常见的传播媒介；学生作为受传者只能被动接收信息。"一言堂""满堂灌"是当时教师授课的主要特征。由于信息技术的信息化、多媒化和多元化，教师希望学校能将其引进，优化信息传送过程，提高信息传送效率[1][2]。王玉明将教师信息素养定义为：除了一般性地能够认识到何时需要信息，能够获取、检索、评估和有效利用信息外，具有信息的观念和传播信息的意识、应用信息及信息技术的能力、教学媒体和功能的选择能力以及媒体的整合能力。[3] 和教师信息素养密切相关的是教师的信息技术素养。和教师信息素养不同的是，教师的信息技术素养关注的是教师为何借助信息技术、如何借助信息技术以及借助哪些信息技术来达成既定的教育教学目标。[4] 如果说教师信息素养关注的是课堂

---

[1] 南国农.电化教育与学校教育现代化建设[J].电化教育研究,1997(1)：3-8.
[2] 张景生.现代教育中的教师信息素养[J].电化教育研究,2001(3)：24-27.
[3] 王玉明.试论教师信息素养及其培养[J].电化教育研究,2004(2)：21-24.
[4] 赵婧,李永杰.信息技术素养：教师专业素养应有之义[J].教育理论与实践,2014,34(14)：36-38.

上的信息传播，那么教师的信息技术素养则使这个传播过程更有效率。和信息技术素养较为相似的是技术素养，联合国教育、科学及文化组织（United Nations Educational, Scientific, and Cultural Organization，简称 UNESCO）在 2011 年发布了第二版的《教师信息与通信技术能力框架》（ICT Competency Framework for Teachers，简称 ICT - CFT），其中技术素养被视为教师发展的第一阶段，将技术素养定义为"教师为了学生的有效学习，促使学生利用信息和通信工具"。① 2004 年 12 月，教育部颁布《中小学教师教育技术能力标准（试行）》（教师〔2004〕9 号），将中小学教育技术能力列为新时期教师必备的专业技能。相比信息技术素养，教育技术素养对教师的要求不仅关注教师的教学，还扩展到整个教育链条之中，包括科研发展、合作交流和社会责任等。

（二）大数据时代：从经验到循证，关注媒介信息的生成和理解

随着新的媒体方式融入大众生活以及在学校的进一步应用，信息技术参与教育教学的方式部分作为媒体终端。对教师工作，尤其是在以沟通效果作为主要功能或评价的教育领域中，如家校合作、思政教育、艺术教育，新媒体素养逐渐成为重要的实践。新媒体素养（Information literacy），最早是由美国新媒体产业协会于 1974 年提出的概念，它意指"利用大量的新媒体工具及主要新媒体源使问题得到解答的技术和技能"。② 随后，段新龙等提出教师媒介素养不仅包括教师科学的媒介信息理念，而且涵盖了教师负责任的媒介传播行为。③ 随着信息硬件设备扩展到了教育教学过程的方方面面，产生并留存的大量过程性数据使教学和学习的过程变得可见，学校教育从信息时代步入大数据时代。张韫将这样的转变誉为"一种价值观、方法论、思维的大变革"。④ 而这些往往是非结构性的数据，需要被挖掘、处理、解释才能赋能教师改进教学实践，促进学生个性化发展。为了实现这一愿景，需要发展教师数据素养，使其从经验实践者转型为循证研究者。教师数据素养由数据意识、数据能力和数据伦理三大部分组成。⑤ 2022 年 11 月，教育部发布了《教师数字素养》教育行业标准，其中提出数字素养包含数

---

① 沈伟，侯晓丽，潘丽芳.从技术素养到知识创造：韩国教师 ICT 能力的培养［J］.中国电化教育，2018（9）：94 -101＋116.
② ZURKOWSKI P G. The Information Service Environment Relationships and Priorities［S］. United States：National Commission on Libraries and Information Science，1974.
③ 段新龙，赵佩，李小军.初中美术教师媒介素养的现状研究［J］.中国电化教育，2017（6）：137 - 142.
④ 张韫.大数据改变教育，写在大数据元年来临之际［J］.上海教育，2013（10）：8 - 11.
⑤ 张进良，李保臻.大数据背景下教师数据素养的内涵、价值与发展路径［J］.电化教育研究，2015，36（7）：14 - 19＋34.

字化意识、数字技术知识与技能、数字化技术、数字社会责任和专业发展。

（三）智能时代：从技术应用到协同育人，关注教育过程的适应与变革

人工智能作为当前先进技术的代表，需要更新迭代相应的素养。埃德霍夫（Kandlhofer）等人第一次明确提出并阐述了"人工智能素养"。[①]"人工智能素养"包括一般人群应该具备的人工智能能力。劳皮希勒（Laupichler）将其定义为"个人能够批判性地评估人工智能技术，有效地与人工智能沟通和合作，并将人工智能作为在线、家庭和工作场所工具的能力"[②]。塞丁达玛（Cetindamar）等人通过梳理现有研究文献，认为人工智能素养框架由技术能力、工作能力、人机互动能力和学习能力组成。[③] 还有研究者认为，人工智能素养特征分为阅读、写作、算术等在内的功能层面，以及数字能力、人工智能利用能力在内的技术素养。[④] 金（Kim）等人通过质性与量性相结合的研究，开发了测评学生人工智能素养的问卷，包含社会影响、理解能力、执行计划能力、问题解决能力、数据素养、人工智能道德等六大维度共 30 个题项。[⑤] 在 K-12 教育阶段，国外对于教师参与智能化教育的过程有较多研究。埃芬德奥卢（Efendioglu）等认为，技术参与教育已经是一种趋势，并提出用技术支持的虚拟学习社区来支撑教师素养的发展。[⑥] 奥地利学者埃德霍夫等认为，K-12 的师生都要具备相应的人工智能素养。在 K-12 人工智能教育应用方面，国外应用模式有智能导师系统、个性化学习、精准诊断等。

2018 年《教育部办公厅关于开展人工智能助推教师队伍建设行动试点工作的通知》（教师厅〔2018〕7 号）首次提出"教师智能教育素养"的概念：对教师进行智能教育素养培训，帮助教师把握人工智能技术进展，推动教师积极运用人工智能技术，改进教

① Kandlhofer M, Steinbauer G, Hirschmugl-Gaisch S, et al. Artificial Intelligence and Computer Science in Education: From Kindergarten to University[C]//2016 IEEE Frontiers in Education Conference (FIE). IEEE, 2016: 1-9.

② M.C. Laupichler. Artificial Intelligence Literacy in Higher and Adult Education: A Scoping Literature Review[J].Computers and Education: Artificial Intelligence,2022(3): 1-15.

③ Cetindamar D, Kitto K, Wu M, et al. Explicating AI Literacy of Employees at Digital Workplaces[J]. IEEE Transactions on Engineering Management, 2022.

④ Yi Y. Establishing the Concept of AI Literacy[J]. Jahr: Europski časopis za bioetiku, 2021, 12(2): 353-368.

⑤ Kim S W, Lee Y. The Artificial Intelligence Literacy Scale for Middle School Students[J]. Journal of the Korea Society of Computer and Information, 2022, 27(3): 225-238.

⑥ Efendioğlu A. Teachers' Use of Facebook and Teacher Quality: Developing a "Facebook Effect Scale on Teacher Quality (FESTQ)" from the Perspective of PCK, TPACK, and Lifelong Learning Frameworks [J]. Educational Technology Research and Development, 2018, 66(6): 1359-1385.

育教学、创新人才培养模式。对"教师智能教育素养"的研究目前尚属于起步阶段。同时由于该概念生发于我国政策文件，所以国外尚无内涵一致的关键词，多融合于人工智能素养，即 AI literacy(Artificial Intelligence literacy)之中。但并不能因此认为"智能教育素养"即"人工智能素养"，二者本质不同。相比而言，"人工智能素养"更为关注技术应用能力，而"智能教育素养"则为胜任智能教育应该具备的综合素养。

二、中小学教师智能教育素养学理剖析

尽管目前对教师智能教育素养定义是新热点，但普遍认为其代表了智能教育对教师的新要求，是教师胜任智能教育环境下教育教学实践的一种关键素养。在中国知网(CNKI)上以"智能教育素养"为主题进行计量可视化分析，检索相关文献，截至 2022 年 11 月 20 日，共检索到相关文献 395 篇。对国内外"智能教育素养"主题文献运用文献计量法与内容分析法进行研究分析，现状与发展趋势如下。

（一）价值内涵：新时代的教育生态进化，从工具交互到人机协同

目前，学术界对"智能教育素养"的内涵界定尚未达成共识，已有的智能教育素养内涵主要聚焦于人工智能赋能教育视角，从教师胜任未来教育教学活动的意识、知识、能力和伦理等方面展开，目前可分为两种演进路线：一种认为其演发于国家对智能教育的关注，教师智能教育素养作为智能教育落实的必备能力，需要得到普遍的培养与推广；另一种则从智能技术对教育场域的不断变革出发，认为智能教育素养为信息素养、数据素养等已有概念的新变体。胡小勇强调以生态进化的理念和学习科学视角审视智能教育的使命和可持续发展过程，认为教师智能教育素养是教师胜任智能教育所应该具备的素养。[①] 刘斌基于整合技术的学科教学知识(Technological Pedagogical Content Knowledge，简称 TPCK)框架提出，智能教育素养由基本知识(理论性知识、实践性知识、技术性知识)、核心能力(智能教育教学能力、基于人工智能自我发展能力)、伦理态度(理性的态度、合乎伦理道德的实践)构成。[②] 李湘则将智能教育素养界定为人工智能素养和教师专业素养的融合，并建立冰山模型，从 AI 本体知识、整合 AI 的学科教学知识、整合 AI 的教学能力、AI 教育伦理与信念四个角度对智能教育素养进行解构。[③]

① 胡小勇,徐欢云.面向 K-12 教师的智能教育素养框架构建[J].开放教育研究,2021,27(4)：59-70.
② 刘斌.人工智能时代教师的智能教育素养探究[J].现代教育技术,2020,30(11)：12-18.
③ 李湘.师范生智能教育素养的内涵、构成及培育路径[J].现代教育技术,2021,31(9)：5-12.

　　虽然内涵界定各不相同，但上述研究对智能教育素养的定义存在共同点。第一，研究基本都以"创意"作为内核，关注到人机协同的相互赋能模式，将智能教育视为教师基于知识、能力、思维及文化践行协同发展，借助教育人工智能赋能师生创意协同共生的教育实践过程。智能技术在教育实践中的作用即帮助教师把平常的事做得更好，让教师去做更好的事情。第二，研究都关注到了对"硬实力"和"软技巧"的涵盖，定义既包括了对人工智能知识、教师专业知识的掌握，又包括了对伦理实践的素养要求。

（二）模型结构：多维视野开放生成的智能教育系统，从标定技术应用到关涉人文影响

　　关于教师智能教育素养的内容框架相关研究较少且处于探索阶段。但在教育技术领域，UNESCO 在 2016 年对标联合国《2030 年可持续发展目标》，结合智能技术发展，制定了《教师 ICT 能力框架（第 3 版）》。该框架根据教师教学中使用信息通信技术能力的三个层次（知识获取、知识深化和知识创造）及六个实践维度（理解信息技术教育应用的政策、课程与评估、教学方法、数字技能应用、组织与管理、教师专业学习）进行组织，构建了 18 项信息技术教育应用能力。[①] 胡小勇将智能教育素养的结构划分为知识基础层、能力聚合层、思维支撑层、文化价值深化层。知识基础层包括教学法知识、教育人工智能技术知识、创意知识；能力聚合层包括创意教学设计者、融合教育人工智能技术的创意教学行动者、智慧型教师引领者、创意智能学习示范者；思维支撑层包括教育思维、设计思维、计算思维和数据思维；文化价值深化层包括课堂学习文化境脉、社会文化活动境脉和教育人工智能技术文化境脉中的具体文化涵养及价值观。[②] 也有学者从人机协同互动的教育情境出发对教师智能素养包含的维度与框架进行分析构建。桑新民把智能素养分为科技创新技能与人文道德教养两个层次，体现科技与人文的关系，用阴阳互补的中华"太极图"模型表现人机结合的增强智能，展现师生与智能技术协同创新、双向发展的内在力量，并置于整个模型的核心地位；智能化读写算三要素构成的三角形是智能素养的技能层面；追求真善美三要素构成的三角形是智能素养的人文教养层面。两个层次的素养相辅相成，同生共长。[③]

① 兰国帅，张怡，魏家财，等.提升教师 ICT 能力　驱动教师专业发展——UNESCO《教师 ICT 能力框架（第 3 版）》要点与思考[J].开放教育研究，2021,27(2)：4-17.
② 胡小勇，徐欢云.面向 K-12 教师的智能教育素养框架构建[J].开放教育研究，2021,27(4)：59-70.
③ 桑新民.人工智能教育与课程教学创新[J].课程·教材·教法，2022,42(8)：69-77.

总的来说，对于教师智能素养的维度分析主要包括智能知识、教学技能、教学创意、智能思维、判断反思和社会伦理，这为确定教师智能素养的维度与框架提供了重要的参考。

（三）培养策略：智能时代教师的角色转变，从技术教育到理念创新

在智能教育素养培育与发展方面，已有研究主要从赋能智能教育教学改革发展、引领智能教师内驱动力提升与角色转变、坚持以生为本终生教育目标三个方面提出教师智能教育素养的培养策略。首先，引导教师运用智能技术，赋能教学改革。詹森（Janssen）等研究者指出，忽视技术的教育应用情境、割裂教育与技术关联的教学使得师范生对技术的理解处在"略知皮毛"的浅表层次。[①] 智能教育的学习不仅仅体现在单独设置某门课程上，还可以将"教师教育振兴行动计划"和"卓越教师培养计划2.0"作为契机，"利用大数据、云计算等技术推进课程教学改革，推动人工智能、智慧学习环境等新技术与教师教育的全方位融合"。[②] 其次，关注教师角色的转变，强调教师发展的内驱动力。智能时代到来，教师不再是权威的知识传授者，而是育人的引领者。因此，教师要对自身的角色进行重新定位。相较于人工智能，教师的不可替代性体现在人类智慧与情感的引领价值上。因此，智能时代的教师培养格外需要体现人文情感关怀以及智能伦理的道德规范，需要在教师的培育中强调社会情感学习的维度，从而通过灵活的教学安排对学生形成积极正面的影响。在复杂而多变的世界，要努力培养人的好奇心、启发人的智慧、增进人的自主性和责任感，引导学生积极地、广泛地、有远见地追寻有意义的学习。[③]

通过对智能教育、智能教育素养等相关研究进行横向比较和纵向演进分析可以发现：第一，在研究进程方面，我国智能教育素养研究起步较晚，相关研究对智能教育素养内涵阐释的学理性程度、重要评价维度和指标开发等方面都较为薄弱，相关结论的外部推广性较弱；第二，在研究对象方面，已有的智能教育素养研究多集中于学生，聚焦中小学教师群体的研究较少；第三，在研究工具方面，已有的智能教育素养研究工具缺乏针对具体对象的实践开发，且国内智能教育素养相关测评工具较少；第四，在研究方法方面，已有研究既有采用定量或定性的单一方法进行研究，也有采用混合方法进行研究，但整

① Janssen J，Stoyanov S，Ferrari A，et al. Experts' Views on Digital Competence：Commonalities and Differences[J]. Computers & Education，2013，68：473-481.
② 刘斌.人工智能时代教师的智能教育素养探究[J].现代教育技术，2020，30(11)：12-18.
③ （美）戴维·珀金斯.为未知而教，为未来而学[M].杨彦捷，译.杭州：浙江人民出版社，2015.

体上,已有的智能教育素养测评研究多进行理论模型构建,缺乏基于教育学视角和实证数据构建的教育测评模型。基于此,本研究遵循教育测评模型构建范式,聚焦中小学教师群体,在界定中小学教师智能教育素养操作性定义的基础上,构建测评指标体系,编订测评量表,并基于实证调查与价值判断构建中小学教师智能教育素养测评模型,从而为科学评估中小学教师智能教育素养水平提供实证依据,同时为基础教育阶段智慧教育师资培养提供工具支持,加速智能教育发展与培养教师智能教育素养的深度融合。

三、中小学教师智能教育素养结构框架

（一）定义维：以智能教育胜任力为目标，以智能化教学能力为核心，重塑教师专业观

在对智能教育素养概念定义的探究上,尽管目前对其定义并未达成统一认识,但普遍认为其代表了智能教育对教师的新要求,是教师胜任智能教育环境下教育教学实践的一种关键素养。对智能教育素养的定义目前可分为两种演进路线。一种演进路线认为其演发于国家对智能教育的关注,教师智能教育素养作为智能教育落实的必备能力,需要得到普遍的培养与推广。这一路线的支持学者以胡小勇、刘斌为代表。胡小勇认为教师智能教育素养是教师胜任智能教育所应该具备的素养,智能教育则是通过教育人工智能技术促进和提升教学智能化,可以面向 K - 12 不同学科的教师群体。[①]刘斌将智能教育素养归纳为支撑教师在人工智能时代教育教学实践和专业发展的知识、能力、态度与伦理的集合,涉及理解和掌握人工智能技术及其教育应用的基本知识、实施智能化教育教学并促进教师专业发展的核心能力、对待智能教育的理性态度与合乎伦理道德的实践等方面内容。[②]

另一种演进路线则从智能技术对教育场域的不断变革出发,认为智能教育素养为信息素养、数据素养等已有概念的新变体,沿袭这一演进路线对智能教育素养进行概念分析。这一路线的支持学者以王丹、李湘为代表。王丹提出教师智能教育素养是建立在信息技术发展基础上的多元化、系统化的概念范畴,是教师运用人工智能技术提

---

① 胡小勇,徐欢云.面向 K - 12 教师的智能教育素养框架构建[J].开放教育研究,2021,27(4)：59 - 70.
② 刘斌.人工智能时代教师的智能教育素养探究[J].现代教育技术,2020,30(11)：12 - 18.

升教学与管理效能，创新人才培养模式，塑造智能伦理与价值规范，提高学生个性化、智能化学习水平与创新能力的综合性素养。[①] 李湘认为智能教育素养是教师胜任智能时代教育教学工作的一种综合素养，是智能社会公民的人工智能素养在教育专业工作中的具体化。它既具有人工智能素养的基本规定性，又体现教师的专业特性。[②]

（二）认知维：围绕智能技术和教育教学双向分野，着力人机协同能力发展

对智能教育素养内容域的探究，本研究采用蔡清田对素养的定义，认为素养是知识、能力和态度的集合，以蔡清田的素养公式"素养＝（知识＋能力）态度"为框架，将智能教育素养内容域的研究进一步划分为认知维（知识、能力）和情意维。在智能教育素养知识域层面，胡小勇认为智能教育素养包含创意知识、教学法知识、教育人工智能技术知识三大部分。[③] 刘斌认为智能教育素养包含理论性知识、实践性知识、技术性知识。[④] 李湘认为其包括 AI 本体知识和整合 AI 的学科教学知识。[⑤] 而在智能教育素养能力域层面，胡小勇认为具备智能教育素养的教师应具备创意教学设计能力、创意智能教学能力、创意智能学习示范能力、智慧型教师引领专业发展能力。[⑥] 刘斌则提出应具备智能教育教学能力和基于人工智能的自主发展能力。[⑦] 李湘认为能力集中体现为整合 AI 的教学能力，包括 AI 技术的选择和决策能力、AI 教学环境中的有效教学策略和人机协同教学的能力。[⑧]

表 4.8 智能教育素养模型汇总

年份	智能教育素养内容		
	知　识	能　力	态　度
2020	• 理论性知识 • 实践性知识 • 技术性知识	• 智能教育教学能力 • 基于人工智能的自主发展能力	• 伦理态度

① 王丹.人工智能视域下教师智能教育素养研究：内涵、挑战与培养策略[J].中国教育学刊,2022(3)：91-96.
②⑤⑧ 李湘.师范生智能教育素养的内涵、构成及培育路径[J].现代教育技术,2021,31(9)：5-12.
③⑥ 胡小勇,徐欢云.面向 K-12 教师的智能教育素养框架构建[J].开放教育研究,2021,27(4)：59-70.
④⑦ 刘斌.人工智能时代教师的智能教育素养探究[J].现代教育技术,2020,30(11)：12-18.

续　表

年份	智能教育素养内容		
	知　　识	能　　力	态　　度
2021	• 创意知识 • 教学法知识 • 教育人工智能技术知识	• 创意教学设计能力 • 创意智能教学能力 • 创意智能学习示范能力 • 智慧型教师引领专业发展	• 多元文化智能感知与互动 • 智能学习技术应用伦理与安全 • 文化融合提升智能育人层次与效益
2021	• AI 本体知识 • 整合 AI 的学科教学知识	• 整合 AI 的教学能力	• AI 教育伦理信念
2021	• 本体知识 • 技术思维 • 智能教育观 • 智能教育思维	• 应用能力 • 智能教与学设计 • 智能教与学开展 • 智能教与学评价 • 智能教与学管理	• 意识情感 • 社会认知 • 社会责任 • 社会引领

（三）情意维：关注智能教育中的社会情感，以伦理规范为限度约束

对于智能教育素养情意维，胡小勇提出其包含多元文化智能感知与互动、智能学习技术应用伦理与安全、文化融合提升智能育人层次与效益。[①] 刘斌主要提出伦理态度，包括理性的态度和合乎伦理道德的实践。[②] 李湘则提出应具有 AI 教育伦理信念，包括教师对 AI 的价值及人与 AI 关系的基本看法，以及对 AI 教育应用中潜在问题的洞见与伦理反思。[③]

总的来说，当前的教师智能教育素养，在概念定义上，以智能教育胜任力为目标，以智能化教学能力为核心，重塑教师专业观；在知识能力上，围绕智能技术和教育教学双向分野，着力人机协同能力发展；在态度情意上，关注智能教育中的社会情感，以伦理规范为限度约束。基于上述理解，本研究将教师智能教育素养定义为掌握智能教育综合知识，通过人机协同的教育教学路径，促进教师自身智能专业发展，同时发展学生的智能素养。

---

① 胡小勇，徐欢云.面向 K-12 教师的智能教育素养框架构建[J].开放教育研究,2021,27(4)：59-70.
② 刘斌.人工智能时代教师的智能教育素养探究[J].现代教育技术,2020,30(11)：12-18.
③ 李湘.师范生智能教育素养的内涵、构成及培育路径[J].现代教育技术,2021,31(9)：5-12.

四、中小学教师智能教育素养模型构建

通过对教师智能教育素养研究的文献阅读与归纳,沿袭"素养＝(知识＋能力)˙态度"框架,本研究从认识基础、实践应用、情意责任三个维度,构建中小学教师智能教育素养模型。从师生角色上看,紧抓育人本质,教师智能教育素养发展和学生智能素养发展双向互促;从要素关系上看,教师智能教育素养认识基础、实践应用、情意责任要素在同一场域中,相互作用,形成一个开放式的发展空间。

(一)认识基础

1.人工智能通识原理

人工智能通识原理包括掌握人工智能相关的硬件、软件知识及其基本关系。教师要充分认识未来人机协同的教育场景趋势,不管是全学科教师在教学中融入智能技术,还是相关教师面向学生开展直接人工智能课程,都需要具备基本的科学技术知识。尽管很多教师将技术看作实现教育教学目的的工具,但智能技术的特点之一就是具有较快的迭代更新速度,如果"只知其表,不知其里",则难以达到对技术的纯熟驾驭,容易成为技术的跟风者、追随者。

2.智能教育理论知识

教师需要具备智能教育理论知识,是为了在智能时代下实现育人目标,是教师专业发展所必须具备的综合性知识。人工智能对人们生活方方面面的强势参与,使整个教育生态系统都发生了根本性的变化,而教师作为教育系统的重要生态位,应对智能教育抱有全局性的理解。综上,智能教育理论知识,不仅应当包括基本的教育教学原理,还要包括智能时代下对教育系统变革的全面理解,如学校资源空间的维度拓展、教师主体角色的哲学思考、传统教学要素的创新变革,以及学生特征的重新认识。

3.智能教学实践知识

高质量开展智能教育,最终还是需要实现从理论到实践的转化。实践是教师最重要的工作基石。智能教学实践知识是直接影响智能教育开展效果的知识,是教师将人工智能通识原理与智能教育理论知识融会贯通后,恰当设计教学实践外化的个性化操作、经验和反思,是最能代表智能教育特点的综合知识。尤其体现在合适地利用人工智能技术辅助教学,可以敏感地将不同的教学场景与人工智能技术进行准确匹配,从而为教学提质增效。

（二）实践应用

1. 智能技术理解能力

教师实现智能教学，首先需要具备对智能技术的理解能力。智能技术的理解能力包括对技术本身的理解以及智能技术在教育场景下对原有教育原理、特征、方式的可能改变与未来实践。在变化节奏越来越快的当下，中小学教师尤其需要具备技术与教育融合的敏感度、鉴别力和适应力，尤其在新兴技术或热点出现的时候，可以冷静科学地自主做出理性判断，并且敢于尝试猜想和转化应用。对智能技术本身的理解是实现教育专业转化的先决条件。

2. 智能教育教学能力

智能教育教学能力是教师在智能环境下开展教育教学活动的综合能力，体现在所有教育环节之中。教师需要重塑智能技术在教育教学中的角色，实现高质量的人机协同智能教学。如在教学设计中，借助智能技术将学科或跨学科问题中的知识进行自适应组织，形成系统化的知识图谱，帮助学生结构化理解；在教学过程中，通过人工智能技术再现任务情境，帮助学生体验式学习；在教学评价中，利用技术留存学生线上操作中的生成性信息，促进过程评价和增值评价。

3. 智能专业发展能力

在智能时代，智能专业发展能力是每位教师不断实现专业化过程的必备能力。可以预见的是，人工智能将不断改变和扩充教师身份的内涵，替代部分传统的教师功能，逐渐变革教师的专业化定义。而教师唯有主动适应，借助人工智能技术，不断反思调整自身的专业定位，保持终身学习的态度，才能从"转"谋"机"，保持自身的育人优势，确立自身的专业价值。智能专业发展能力具体包括智能教学设计能力、创新教育教研能力、智能教学研究能力等。

（三）情意责任

1. 创新意识

未来不主动适应智能时代、不主动谋求创新改变的教师将极有可能被人工智能替代，具有创新意识是未来教师最重要的素质之一。创新意识主要包括智能技术的教育认识、教学法创新和教育研究创新。智能技术的教育认识是指对智能技术可能改变教育场域有创新性理解；教学法创新是指可以将智能技术适切且创新地融入日常教育教学；教育研究创新是指可以创新性地借助智能技术开展教育教学研究，促进教师专业发展，并进一步反哺教学实践。

2. 实践意识

中小学教师需要具备实践意识，不将智能技术、智能设备悬而不用，泥古不化。实践意识包括教师的理论转化、教学行动和实践反思。理论转化是指教师敢于接纳前沿技术，乐于接受技术可能带来的教育改变，并可以与教育理论相联系，找到智能技术与教育规律间的衔接点；教学行动是指教师可以将智能技术融入一线教育教学的实践，做智能教育的参与者、行动者；实践反思是指教师可以从智能教学实践中迭代经验，生成智慧。

3. 伦理意识

智能技术作为新兴事物，教师还要具备伦理意识。伦理意识包括警惕极端的技术主义、理解教育的育人本质、重视伦理准则。警惕极端的技术主义，坚持以学生为本；深刻理解教育的育人本质，认识到教师在教育中的独特性，意识到教师尤其在社会情感方面对教书育人目标的独特作用；同时也要重视伦理准则，对智能技术在教育教学实践中可能对学生带来的影响保持敏感，不突破伦理道德底线。

第三节　当前中小学教师智能教育素养水平如何

当我们向 ChatGPT 提问："教师智能教育素养水平如何？"ChatGPT 的回答如下：

教师智能教育素养水平因地区、教育体制、个人发展和技术发展等因素而异。然而，总体来说，随着科技的发展和数字化教育的普及，越来越多的教师开始关注和提升自己的智能教育素养水平。以下是一些影响教师智能教育素养水平的因素。

（1）培训和专业发展。学校和教育机构可能提供有关教育技术和人工智能应用的培训和专业发展机会，帮助教师提升他们在数字化教育领域的知识和技能。

（2）个人兴趣和学习动力。教师是否对新技术和教育创新感兴趣，以及他们是否愿意在这方面进行学习和实践，也会影响他们的智能教育素养水平。

（3）学校政策和资源支持。学校是否鼓励和支持教师在智能教育领域的发展，以及是否提供了相应的资源和设施，都会对教师的素养水平产生影响。

（4）技术基础设施。学校是否配备了适当的技术设施和工具，如计算机、网络、数字教材等，也会影响教师在智能教育方面的实践和学习。

（5）教育政策和趋势。政府的教育政策和趋势对教师的教育素养要求也可能产生影响,例如是否鼓励推动数字化教育、在线学习等。

总体而言,教师智能教育素养水平的提升是一个动态的过程,需要教师不断地学习、探索和适应新的教育技术和工具。随着科技的不断进步,教师的智能教育素养水平也将不断提高。

学前互动

亲爱的老师,你的智能教育素养如何? 以下是 ChatGPT 制作的选择题,请自测一下吧!

表 4.9　教师智能教育素养水平的模拟测试

1. 你是否经常使用数字化教材和多媒体资源来支持课堂教学? 　A. 经常,我充分利用数字化教材和多媒体资源来丰富教学。 　B. 偶尔,我会在适当情况下使用数字化教材和多媒体资源。 　C. 很少,我更喜欢传统的教材和方法。
2. 你是否了解学习分析工具,以便根据学生数据进行个性化教学? 　A. 是,我能够使用学习分析工具来优化学生的学习体验。 　B. 了解,但我需要进一步学习如何运用学习分析工具。 　C. 不了解,我对学习分析工具不太熟悉。
3. 你是否尝试过在课堂上使用虚拟实验室或在线模拟来进行教学? 　A. 是,我积极尝试用虚拟实验室和在线模拟进行教学。 　B. 有时,我在特定主题下使用虚拟实验室或在线模拟。 　C. 没有,我没有使用过虚拟实验室或在线模拟。
4. 你是否关注和了解最新的教育技术趋势,如人工智能、增强现实等? 　A. 是,我持续关注并学习最新的教育技术趋势。 　B. 有时,我会了解一些新兴的教育技术。 　C. 不太关注,我对新技术了解较少。
5. 你是否愿意参加培训,以提升你在智能教育领域的知识和技能? 　A. 是,我愿意积极参加培训,不断提升自己的素养。 　B. 或许,我可能会考虑参加培训,取决于内容和时间。 　C. 不愿意,我认为我已经足够了解智能教育。

在上一小节中,我们已经详细分析了教师智能教育素养的内涵定义,接下来我们既要回答如何提升教师智能教育素养,使教师得以更好地使用 ChatGPT 这一问题,又要探明我国中小学教师智能教育素养目前的总体水平如何,并且探寻有什么要素可能会影响教师智能教育素养的发展。所以在本节中,我们将完成一个中小学教师智能教

育素养水平的现状调查和影响因素探索。

一、教师智能教育素养测评的工具开发与调查抽样

（一）测评工具设计

本研究基于上一节构建的教师智能教育素养模型，结合数字技术应用相关情况设计测量题项。为保障调查问卷的信效度，预先进行了一轮小样本测试，最终编制的正式问卷由两部分组成：第一部分调查中小学教师的基本情况，共 8 个题项，具体包括教师性别、任教学段、最高学历、教龄、学校性质、职称、学科和学校数字化教学环境配备情况；第二部分调查中小学教师的智能教育素养，从认识基础（Knowledge Base，简称 KB）、实践应用（Practical Application，简称 PA）和情意责任（Affectionate Responsibility，简称 AR）三个维度调查，共 18 个题项。问卷编制采用李克特五级评分，1—5 分别表示非常不认同、较不认同、一般、较认同和非常认同。

（二）问卷信效度分析

为确保测评问卷有良好的效度，本研究首先对模型内部结构进行探索性因子分析，KMO 值为 0.94，Bartlett 卡方值为 6 853.234（p＝0.000＜0.001），因此，问卷符合进行因子分析的条件。为使矩阵题项更具解释性，本研究采用最大方差旋转法得到旋转成分矩阵，如表 4.10 所示。问卷题项设置的三大维度与探索性因子分析所提取的公因子对应，且题项中对应因子的载荷仅 2 个低于 0.7，其余因子载荷均大于 0.7，这表明该接受度问卷具有良好的效度。

表 4.10　探索性因子分析结果

	实践应用	情意责任	认识基础
KB1			0.861
KB2			0.851
KB3			0.800
KB4			0.669

续　表

	实践应用	情意责任	认识基础
KB5			0.555
PA1	0.824		
PA2	0.847		
PA3	0.851		
PA4	0.848		
PA5	0.827		
PA6	0.843		
PA7	0.841		
PA8	0.830		
AR1		0.868	
AR2		0.830	
AR3		0.917	
AR4		0.925	
AR5		0.932	

为确保模型有良好的信度，本研究采用克隆巴赫系数进行检验。通过 SPSS 分析发现，所有变量的克隆巴赫系数均高于 0.9，模型的整体克隆巴赫系数为 0.964，如表4.11所示，这表明该模型具有良好的信度。

表 4.11　模型信度分析结果

	认识基础	实践应用	情意责任
Cronbach's α	0.924	0.975	0.967
总 Cronbach's α	0.964		

进一步进行验证性因子分析，研究采用 χ^2/df、RMSEA、CFI、TLI 和 IFT 五个常用评价指标对整个模型的拟合度进行评估。已有研究表明，当 $\chi^2/df<3$，RMSEA<0.1，IFT>0.8，CFI>0.8，TLI>0.8 时，模型的拟合度可以接受。检验结果（$\chi^2/df=2.942$，

RMSEA＝0.083,IFT＝0.965,CFI＝0.965,TLI＝0.957)表明,研究所用模型各项拟合指数均处于可接受范围,模型可以较好地拟合数据。

各观测变量的标准化估计值整体上大于 0.5,且 P 值均小于 0.001,表明各观测变量均存在。组合信度(Composite Reliability,CR)均在 0.8 以上,高于巴戈齐等推荐的0.6[①],表明因子的组合信度良好,各因子的观测变量具有较高的内部一致性。收敛效度(Convergent Validity,CV)用平均方差提取量(average variance extracted,AVE)表示,均大于 0.6,符合福内尔等推荐的 0.5 以上标准[②]。

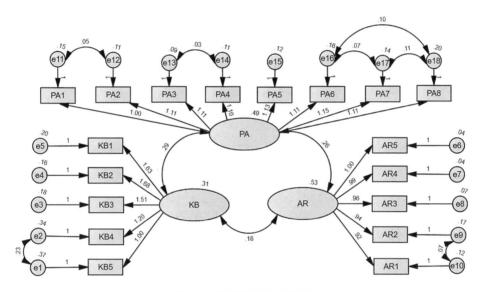

图 4.3　验证性因子分析图

表 4.12　模型信度与效度检验表

测量模型		参数显著性估计		组合信度 CR	收敛效度 AVE
		Estimate	P-value		
认识基础	KB1	0.899	＊＊＊	0.919	0.698
	KB2	0.921	＊＊＊		

① Bagozzi R P，Yi Y. On the Evaluation of Structural Equation Models[J]. Journal of the Academy of Marketing Science，1988，16(1)：74－94.

② Fornell C，Larcker D F. Evaluating Structural Equation Models with Unobservable Variables and Measurement Error[J]. Journal of Marketing Reasearch，1981，18(1)：39－50.

续　表

测量模型		参数显著性估计		组合信度 CR	收敛效度 AVE
		Estimate	P-value		
认识基础	KB3	0.896	＊＊＊	0.919	0.698
	KB4	0.755	＊＊＊		
	KB5	0.679	＊＊＊		
实践应用	PA1	0.875	＊＊＊	0.973	0.816
	PA2	0.922	＊＊＊		
	PA3	0.933	＊＊＊		
	PA4	0.916	＊＊＊		
	PA5	0.914	＊＊＊		
	PA6	0.891	＊＊＊		
	PA7	0.906	＊＊＊		
	PA8	0.868	＊＊＊		
情意责任	AR1	0.885	＊＊＊	0.966	0.849
	AR2	0.856	＊＊＊		
	AR3	0.932	＊＊＊		
	AR4	0.963	＊＊＊		
	AR5	0.966	＊＊＊		

（三）研究对象与数据处理

问卷调查采用在线问卷的形式发放，获得问卷 336 份，筛选掉填写时间小于 1 分钟的问卷，获得有效问卷 281 份，问卷有效率为 83.63％。在本次参与调查的 281 位教师中，男性占比 30.6％（86 人），女性占比 69.4％（195 人）；任教学段方面，小学教师占比 44.13％（124 人），初中教师占比 14.95％（42 人），高中教师占比 40.93％（115 人）；最高学历上,本科学历教师占比 70.82％(199 人),硕士研究生教师占比 25.98％(73 人),博士研究生教师占比 0.71％(2 人);教龄方面,10 年及以下教龄的教师占比 39.86％(112 人),11—20 年教龄的教师占比 24.91％(70 人),21—30 年教龄的教师占比为 23.49％(66 人),31 年及以上教龄的教师占比 11.74％(33 人);所在学校性质方面,公办学校教师占比 81.14％(228 人),民办学校教师占比 18.86％(53 人);职称方面,二级及以下教师占比 37.01％(104 人),一级教师占比 35.59％(100 人),高级教师占比 25.62％(72 人),正高级教师占比 1.78％(5 人);任教学科方面,各学科均有涉及,其中最多的学科教师为语文教师 26.98％(73 人),数学教师 16.01％(45 人),外语教师 12.1％(34 人);学校数字化教学环境配备方面,表示学校配备有数字化教学环境的教师有 254 人,配备率为 90.39％。

二、中小学教师智能教育素养水平现状分析

总体来看,中小学教师智能教育素养均值为 3.812。在认识基础方面的均值为 3.498,在实践应用方面的均值为 3.7,在情意责任方面的均值为4.238。

表 4.13　教师智能教育素养测评总表

	认识基础	实践应用	情意责任
均　值	3.498	3.7	4.238
总均值	3.812		

（一）认识基础方面：教师对智能时代自身角色更新较为了解，但人工智能知识基础较弱

认知基础方面平值为 3.498,相较于其他两个维度,是教师比较薄弱的部分。认同度最高的选项是"我知道智能时代下教师角色会有怎样的更新",认同的教师有 64.06％。其次有 56.94％的教师知道智能时代下学校空间会有怎样的改变,有48.76％的教师认同自己了解人工智能在教育中的基本应用场景,41.99％的教师认同自己了解教育领域中人工智能的相关软件知识(算法、模型等),而仅有 34.88％的教师认同自己了解教育领域中人工智能的相关硬件知识(物联网、传感器等)。可以看出,大多数教

师面对智能时代对自身的职业环境、专业发展等方面的影响有一定的心理认知和思考，但是对人工智能这一跨专业领域的相关知识了解不多，其中尤其体现在硬件知识方面更为薄弱。

（二）实践应用方面：教师普遍可以进行基础操作，但在贯通实践和深入应用方面较为薄弱

在实践程度上，将数字技术在教育场域的应用分为"会操作""能匹配""真辅助"。表示自己会操作当下可使用的智能辅助工具的教师占比 68.33％，表示自己可以将智能技术与教育情境合理匹配应用的教师占比 61.92％，表示自己知道如何利用智能技术辅助教育教学的教师占比 61.21％。总体来说，从"会操作"到"能匹配"再到"真辅助"的教师比例呈下降趋势，表示自身"会操作"的教师比例较高，但后续可能缺乏从单一使用到场景匹配和教育赋能的实践路径贯通。

从教育教学具体环节上，将数字技术在教育场域的应用分为教学设计、课堂教学、教学评价、教育教研和教学研究五大场景。表示可以将智能技术融合进教学设计中的教师有 62.28％；表示可以将智能技术适切且创新地融入进日常课堂教学的教师比例为 54.45％；表示可以开展智能技术支持的教学评价的教师为 59.43％；表示可以利用智能技术创新教育教研的教师比例为 54.1％；表示自己可以创新性地借助智能技术开展教学研究，反哺教学实践的教师有 51.96％。总体来说，教师在"课前"和"课后"运用智能技术辅助的能力较强。教师在进行教学设计的时候，已经具备将智能技术融入教学的意识和能力，并且也一定程度上可以在智能技术的辅助下开展教学评价。但在"课中"以及教研和研究等专业发展领域运用智能技术赋能的能力偏弱。

表 4.14　数字技术在教育场域的应用场景

	教学设计	课堂教学	教学评价	教育教研	教学研究
比　例	62.28％	54.45％	59.43％	54.1％	51.96％
均　值	3.76	3.62	3.7	3.63	3.58
总均值	3.658				

注：比例为选择"符合"和"非常符合"的教师比例之和。

（三）情意责任方面：教师普遍具有风险意识、责任意识，并可以遵循技术应用的伦理规范

认同在技术应用中应坚持以生为本，并能意识到教师在社会情感方面有育人的独特作用的教师比例为 85.05%；表示自己会有意识地培养学生在智能时代下的技术责任感的教师比例为 80.08%；表示自己会注意保护学生的隐私数据，不在没有取得同意的情况下利用技术收集学生个人信息的教师比例为 85.77%；表示自己不会因为学生使用智能技术的能力不一致而做出不公正决策的教师比例为 85.76%；表示自己对智能技术在教育教学中可能对学生带来的影响保持敏感，不突破法律规范和道德底线的教师比例为 85.77%。总的来说，教师普遍具有技术风险意识，并可以在智能时代下遵循伦理规范，富有责任感和道德心地使用智能技术。

三、中小学教师智能教育素养相关影响因素分析

通过上述描述性分析，我们对中小学教师的智能教育素养水平已经有了大概的了解，那么接下来，本研究将继续通过探究影响教师智能教育素养的因素，一步步明确 ChatGPT 如何促进教师智能教育素养的发展。

（一）核心要素分析

在对核心要素进行描述性统计分析的基础上，通过计算皮尔逊积差相关系数，进一步探究变量间的相关程度。

表 4.15　教师智能教育素养与各影响因素的相关系数

维　　度	认识基础	实践应用	情意责任	智能教育素养
认识基础	1			
实践应用	0.748**	1		
情意责任	0.483**	0.529**	1	
智能教育素养	0.885**	0.897**	0.770**	1

注：* 表示 p<0.05，** 表示 p<0.01，*** 表示 p<0.001。

如表 4.15 所示，认识基础、实践应用、情意责任三个核心要素均对中小学教师的智能教育素养有显著正向影响，影响作用由强到弱依次为实践应用（β＝0.897，p＝0.000＜0.01）、认识基础（β＝0.885，p＝0.000＜0.01）、情意责任（β＝0.770，p＝0.000＜0.01）。

（二）调节变量分析

由于中小学教师个体具有不同的基本特征，运用单因素方差分析和独立样本 T 检验，对教师不同的基本特征进行差异分析。研究结果表明，不同性别、学段、教龄、职称、学校数字化环境的教师在智能教育素养水平上具有显著差异。不同性别的教师在智能教育素养方面差异较显著（p＝0.035＜0.05），女教师的智能教育素养（M＝3.869，St＝0.645）显著高于男教师（M＝3.688，St＝0.698）。学段方面，小学、初中和高中的教师同样存在显著差异（p＜0.001），通过多重比较发现，小学教师的智能教育素养（M＝3.978，St＝0.670）显著高于初中教师（M＝3.525，St＝0.650）和高中教师（M＝3.742，St＝0.622），而初中教师和高中教师的智能教育素养则没有显著差异。教龄方面，不同教龄的教师在智能教育素养方面差异较显著（p＜0.001）。随着教龄的升高，教师的智能教育素养逐渐降低。10 年及以下教龄的教师（M＝3.957，St＝0.659）和 21—30 年教龄的教师（M＝3.742，St＝0.719）、31 年及以上教龄的教师（M＝3.343，St＝0.531）均有显著差异；11—20 年教龄的教师（M＝3.875，St＝0.578）与 31 年及以上教龄的教师具有显著差异；21—30 年教龄的教师和 10 年及以下教龄的教师、31 年及以上教龄的教师具有显著差异；31 年及以上教龄的教师和另外三组均有显著差异。职称方面，将教师的职称分为二级教师及以下（M＝3.972，St＝0.658）、一级教师（M＝3.844，St＝0.603）、高级教师及以上（M＝3.561，St＝0.686），拥有高级及以上职称的教师和前两者均有显著性差异（p＜0.001），教师智能教育素养显著低于另两组。学科方面，仅信息技术课程教师的智能教育素养（M＝4.296，St＝0.591）显著高于文科教师（M＝3.778，St＝0.702，p＝0.013＜0.05）和理科教师（M＝3.721，St＝0.637，p＝0.007＜0.01），与艺体、综合以及其他课程教师均无显著差异。学校数字化环境方面，学校有数字化教学环境的教师的智能教育素养（M＝3.866，St＝0.656，p＜0.001）显著高于学校没有配备数字化教学环境的教师（M＝3.325，St＝0.554）。其他方面，不同学历、学校性质教师的智能教育素养没有显著差异。

（三）影响因素回归分析

前述已经证明，三个核心要素对接受程度均有显著性影响。另外，通过之前的单因素方差分析可知，教师的性别、学段、教龄、职称、学校数字化环境等调节变量对接受程度同样有显著性影响。因此，对其进行调节作用分析，探究这些变量对教师接受程度的具体影响，得到教师智能教育素养各因素对接受程度的影响路径，如图 4.4 所示。

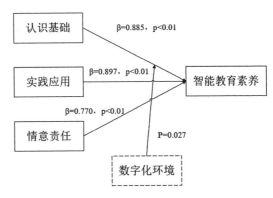

图 4.4　各因素对教师智能教育素养的影响路径

总的来说，在教师智能教育素养的影响因素方面，认识基础对中小学教师的智能教育素养有正向显著影响，学校的数字化环境在其中有调节作用；实践应用对中小学教师的智能教育素养有正向显著影响；情意责任对中小学教师的智能教育素养有正向显著影响。

第四节　如何通过发展教师智能教育素养促进 ChatGPT 应用

学前互动

以下是 ChatGPT 生成的发展教师智能教育素养的方法，你觉得可行吗？请为这些方法的可行性和有效性排序。

表 4.16　发展教师智能教育素养方法可行性排序

方　　法	有效性评级(1－高,5－低)
持续学习和专业发展	
了解人工智能基础知识	
了解教育科技工具	
促进数字素养	
培养批判思维和伦理意识	
跨学科合作	
实践反思和分享经验	

　　随着科技的发展，人工智能等技术渗透进教育场域。技术是生产力，智能技术必将带来教育的创新变革与发展，以 ChatGPT 为代表的新一代人工智能技术的发展对教师智能教育提出新的挑战。2017 年国务院发布的《新一代人工智能发展规划》（国发〔2017〕35 号）在智能服务领域提出"发展智能教育"，强调要利用智能技术加快推动人才培养模式、教学方法改革，构建包含智能学习、交互式学习的新型教育体系。新要求对教师发展提出新挑战。2018 年 1 月，中共中央、国务院颁布的《关于全面深化新时代教师队伍建设改革的意见》中提出，教师要"适应信息化、人工智能等新技术变革，有效开展教育教学"。目前来看，智能教育的发展仍面临着巨大的挑战。当前教师普遍存在对智能教育的认知尚浅、能力缺位的问题①，其专业能力尚不能满足落实智能教育的要求，所以 2018 年 8 月，《教育部办公厅关于开展人工智能助推教师队伍建设行动试点工作的通知》（教师厅〔2018〕7 号）首次提出"教师智能教育素养"，强调要提升教师的智能教育素养。如何有针对性地培育和发展教师智能教育素养就成为重要的实践课题。为使智能教育技术真正在中小学教育教学中发挥改革作用，提升中小学教师智能教育素养是智能时代提升综合育人能力的关键。发展教师智能教育素养，促进以 ChatGPT 为代表的智能技术在教育教学中的创新应用，需要深化教师对智能技术的接受和理解、催化教师技术融合教学的实践转化、创设教育教学人机协同生态以及引导把控教师智能教育技术向善发展。

一、深化认识，增强教师对智能技术的接受和理解

　　加深教师对于计算机、人工智能等交叉技术的理解，从系统论的视角看，本质上是教师对于智能技术知识的输入、转化和内化的过程。完成这一系统过程，不仅需要外部的政策要求和现实需求作为动力推动，还需要有直接中介帮助教师进行相关知识的直接接触与辅助转化，以及帮助教师个体对技术更加开放包容的情感激励。

　　教师是课堂的真正落实者，而教师对于政策的深化理解需要学校进行政策传达和解释。在教育数字化转型背景下，学校需要肩负起人工智能助推教师队伍建设的使命与责任，使教师理解新时代下的智能技术，尤其是以 ChatGPT 为代表的生成式人工智能技术对于教育目标、教育内容和教育方式等教育生态要素可能带动产生的系统变

---

① 钟绍春，唐烨伟.人工智能时代教育创新发展的方向与路径研究[J].电化教育研究，2018，39（10）：15 - 20＋40.

革,使教师充分意识到智能时代对于劳动力的需求结构已然发生变化,传统的教学要素和教学过程已经不足以培育面向未来的学生。顾小清指出,生成式人工智能技术的出现在教育系统外部引发了对劳动力知识能力标准的颠覆变化,在教育系统内部推动了教与学目标、内容和方法的新思考。[①] 周洪宇等同样认为,ChatGPT 的出现在人才培养标准上呼唤复合创新型人才。[②]

在合作协同方面,教师个体由于社交范围和工作环境的限制,可能不具备直接学习和接触智能技术的条件,需要大学、教师教育机构等单位参与,协助教师完成更普遍的知识接触和学习;形成"大学—教师发展机构—中小学"三方协同机制,促使大学和中小学携手,以专题讲座、互动体验、参观讲解等方式深入浅出地向中小学教师讲解人工智能、物联网等新技术的相关基础知识与应用形式,帮助教师认识技术、理解技术,同步提升教师的科学素养和智能教育素养。

在激励支持方面,循序渐进培养教师接受和了解智能技术的内驱力。素养的发展贯穿中小学教师成长的整个过程,整合了包括物理环境、生理水平、心理基础、社会文化等多个水平的诸多要素及其关系,是一个持续的、有机的生成和建构的过程[③]。当前教师对于智能技术的接受和信任程度仍有较大的提升空间。埃弗雷特・罗杰斯(Everett M. Rogers)认为,除非教师愿意接受新的体验并能够应对经常伴随变化带来的不确定性,否则教师不太可能接受创新,因为他们认为创新打破了课堂常规。因此,需要持续培养教师作为智能技术服务应用相关者的主体意识,唤醒教师作为新时代持续学习者的意愿动机,从而使教师乐意接受乃至主动学习智能技术。

二、实践应用,多途径促教师技术融合教学的创新实践转化

从传统教学到技术赋能,教师的教学习惯和教学自信需要在实践之中不断重塑和构建,具体需要从多个层次催化教师开展技术赋能教学的创新实践,主要通过教师培训提升整体能力、教研助力反思性实践、平台资源协助泛在学习。

开展与时俱进的智能教育培训。当前已有单位开展了新时代面向中小学教师人工智能素养提升的培训课程和活动,以通识教育为宗旨,通过理论讲授、实际操作、技

① 顾小清.ChatGPT 对教育生态的影响[J].探索与争鸣,2023(3)：30 - 32.
② 周洪宇,李宇阳.ChatGPT 对教育生态的冲击及应对策略[J].新疆师范大学学报(哲学社会科学版),2023,44(4)：102 - 112.
③ 杨向东.核心素养测评的十大要点[J].人民教育,2017(Z1)：41 - 46.

术体验、专题讲座、小组活动等形式，培养教师熟悉人工智能在教育领域中的应用和人工智能技术的操作与实践。① 那么，与之协调地，创设并开展系列中小学教师智能教育素养提升的培训课程或活动，需要以"人工智能助推教师队伍建设"政策为导向，以教育的育人导向为引领，以体验式学习的方式，从政策、环境、个体等层面设计可操作的提升方案，促进教师智能教育实践应用和阶梯式素养发展。

组织以技术赋能创新教学为主题的共同体教研，通过学习共同体的形式促进教师反思性学习。教师智能教育素养作为一种以智能教育实践为价值目标、学习过程和发展渠道的教师素养，其教师发展机制遵从教师实践性知识的生成逻辑。自身行动反思和观察他者内化是教师实践性知识生成的两种重要方式②，可以通过教研活动促进教师集体智慧的生成与共享，同时萃取教师的优秀实践经验，汇总典型智能教育的优质课例，形成数字化公共课例集，促进教师的模仿行动，更迭传统的教师经验，还可以通过提供中小学教师交流展示的机会促进教师的终身学习。在中小学教师实现智能教育素养发展的不同阶段，进行自身纵向对比及与同行、同事间的横向观察比较，通过教师的同行观察与共同学习，既可以帮助教师多维度、全方位客观评价自身智能教育素养发展，还可以完成自我的、缄默的经验对比和实践内化，从而生成更有针对性、更个性化的智能教育智慧。

建立智能教育教师专业发展平台，依托开源学校和社会组织等，为教师继续进行各类学习提供设施和机会。2022 年 3 月 1 日，教育部建设并运行的国家中小学智慧教育平台提供教师研修资源、搭建教师研修新环境、支持教师研修新方式，可以依托平台现有功能，开设符合智能教育教师兴趣与学习特点的课程，同时打破时间和空间的限制，不断将新技术与课堂、学校融合，使教师随时随地进行课程学习。

三、人机协同，多主体智慧交融共创教育教学人机协同新生态

教育数字化是发展趋势和根本遵循，学校应协同引导教师、学生和家长，富集集体智慧，共建人机协同的新教师观和教学观，创设教育教学人机协同生态。党的二十大首次将"推进教育数字化"写入报告，赋予了教育在社会主义现代化建设中的更高使命。2023 年 2 月，中共中央、国务院印发的《数字中国建设整体布局规划》中明确指出，

---

① 高洁,肖明,王有学.教师＋AI,创造更好的教育——中小学教师人工智能素养提升课程建设案例[J].中小学信息技术教育,2020(1)：12－15.

② 林一钢,潘国文.探析教师实践性知识及其生成机制？[J].全球教育展望,2013,42(10)：42－48.

在教育领域加快数字技术创新应用。当前，技术革命已经成为引领生产方式变革的主要驱动力，而教育培养的是面向未来的人才，技术参与将使教育形态发生根本性转变。教师作为面向未来的人才培养实践者，要保持积极开放的心态，主动了解并适应新的技术变化，建立适应变化的人机协同新教师观和教学价值观。

教师应建立人机协同的新教师观。以 ChatGPT 生成式人工智能为代表的新技术的出现，既给教师主体地位和教育教学带来了新的挑战，也为教师模式变革带来了新的创新前景。ChatGPT 之所以如此重要，是因为它在语言上做出了重大的突破，可以解决非结构问题。教师如果仍是采用传统的教学方式，如讲授知识、重复练习、考试评价，将必然在未来被某种智能机器所替代。智能机器依托海量的知识资源，它所讲授的知识会更准确，教学态度会更耐心，并且不会疲倦。而未来教师并不会消失，而是会变形，将由人类教师和机器教师协同构成教师角色，机器教师将代替人类教师完成一些有固定流程的基本工作，人类教师将进行更为上位的教学决策。

教师应建立人机协同的教学价值观。美国计算机科学家爱德华·阿什福德·李（Edward Ashford Lee）在其著作《协同进化》中表示："人类的决策受到各种各样非理性因素的影响，而且这些非理性因素不会出现在我们对决策的解释中。教育领域，教师在课堂上的瞬时反应也是如此。人工智能原则上可以帮助人类暴露在决策和决策解释中的偏见，人类决策与机器决策之间的差异可以让人类反躬自省。"①未来的人类教师教学将更注重于学生的情感体验和育人温度。

四、技术向善，标准引领教师智能教育技术向善发展

通过不同层面的标准设计，把握智能教育以人本主义理念为引领的向善发展的价值尺度。从技术本体和技术使用出发，设计相应面向供应方的技术监管标准、面向学校的技术使用管理规范和面向教师的智能教育素养标准。

对 ChatGPT 等智能技术使用进行技术监管指导，以确保其在教育教学中的应用安全、合规和可持续发展，形成技术向善的应用氛围。在前述的调查中，教师对应用 ChatGPT 可能导致的隐私泄露、过度依赖感到不安，一定程度上制约了教师对于 ChatGPT 的学习实践。2019 年 5 月，经济合作与发展组织（Organization for Economic Co-operation and Development，简称 OECD）通过了《人工智能原则》（OECD Principles

---

① （美）爱德华·阿什福德·李.协同进化［M］.李扬，译.北京：中信出版集团，2022：120 - 122.

on AI)，这是各国政府就负责任地管理可信赖人工智能达成的第一个国际标准①，其中包含人工智能的包容性增长、可持续发展和福祉，以人为本的价值观和社会公平，透明度和可解释性，稳健性和安全性，问责机制五项原则②。2023 年 4 月，我国国家网信办发布《生成式人工智能服务管理办法（征求意见稿）》，其中包括生成式人工智能产品或服务应当遵守的法律法规，尊重社会公德、公序良俗③，为 ChatGPT 等智能技术的合规向善使用提供政策基础。

相关部门与学校在事前应规定 ChatGPT 等智能技术的使用要求和限制，具体包括数据隐私、道德问题、合法用途、信息安全和其他相关问题，并确保所有使用 ChatGPT 等智能技术的教师都了解并遵守这些规定。同时，应控制教师的访问权限，只授权给接受过合规培训的教师使用，防止未经授权的访问和滥用。在使用过程中实施监测机制，跟踪 ChatGPT 等智能技术的使用情况。记录使用者的身份信息、操作日志和数据输入，确保教师对 ChatGPT 等智能技术的使用遵循伦理准则和道德原则；特别关注敏感话题、侮辱、歧视、暴力内容等，并与相关监管机构合作，接受监管部门的指导和监督；建立反馈机制，鼓励教师报告系统中的问题、缺陷和潜在的风险，以便及时处理反应，并采取必要的改进措施。

从政策上来看，我国已经发布了一系列面向智能时代的、教育技术场域内的提升中小学教师专业素养的政策文件，从而帮助教师紧跟智能技术发展动向，将智能技术融入教育教学，培养适应乃至引领智能技术发展的未来人才。然而对于教师智能教育素养测评的国内外研究并不多见，且多集中于信息素养、智能素养、人工智能素养等方面。我国教育部分别于 2004 年、2014 年和 2022 年发布了《中小学教师教育技术能力标准（试行）》《中小学教师信息技术应用能力标准（试行）》和《教师数字素养》教育行业标准。虽然我国对人工智能进入教育领域给予了足够的重视，已有研究对智能素养进行了建构和解析，并针对不同群体开展了调研和测评，但仍缺乏权威的中小学教师智能教育能力等级标准或素养框架。因此，需要进一步建立教师智能教育素养评价标准，为中小学人才培养提供帮助，助力中小学教师智能教育素养提升。

① Tommy Tanu Wijaya，Yiming Cao，Robert Weinhandl，et al.Applying the UTAUT Model to Understand Factors Affecting Micro-Lecture Usage by Mathematics Teachers in China[J]. Mathematics，2022，10(7)：1008.
② 王钰彪，万昆，任友群.中小学教师机器人教育接受度影响因素研究[J].电化教育研究,2019,40(6)：105-111.
③ 冯吉兵，张国良，靳帅贞，等.中小学教师虚拟实验教学能力提升的对策研究——基于技术接受度测评[J].中国电化教育,2022(7)：120-126+133.

第五章 理性审视：
把握 ChatGPT 的应用限度和伦理风险

随着智能时代的到来，信息技术在教育中的应用范围越来越广，融合的程度也越来越深。ChatGPT 作为一种新的生成式的人工智能技术在教育领域中的应用日益受到重视，其助推教育变革的前景十分广阔。ChatGPT 不断更新迭代，功能日益强大，有望推动教育的现代化转型。然而 ChatGPT 也并非万能，在促进 ChatGPT 与教育进行深度融合时也应当理性思考，对于 ChatGPT 在教育领域中的应用限度进行必要的反省，拒绝迷信与盲从。

技术是一把双刃剑，如果不加以限制，滥用技术，可能会带来不利后果。因此，我们不得不考虑人工智能在教育领域中的应用限度以及有可能会涉及的应用伦理风险问题。通过阅读本章节，你将认识 ChatGPT 在教育应用中的限度与边界，明晰其可能引发的伦理困境，从而科学合理、安全审慎地应用 ChatGPT，规避其可能带来的风险问题。

本章框架

学前互动

2023 年高考语文全国 I 卷的作文题目是《人·技术·时间》。命题指出："人们因技术发展得以更好地掌控时间,但也有人因此成了时间的仆人。这句话引发了你怎样的联想与思考?"ChatGPT 作为一种技术被应用于教育领域中,能够极大地助推教育的变革与转型,但也面临着种种风险与难题。请您思考一下以下问题。

1. 在使用 ChatGPT 时应当注意哪些限度? 一旦超出这些限度可能会带来什么样的危害?

2. 在教育中应用 ChatGPT 可能会产生什么样的风险? 作为教育者应当如何应对?

第一节　ChatGPT 在教育领域中的三大应用限度

ChatGPT 到底是教育的"阿拉丁神灯"还是"潘多拉魔盒"? 一方面,我们看见了 ChatGPT 赋能教学创新的潜能,它能够提升教学成果的完成度与创意感、能够增强数字导师的角色感与互动性、提高自适应学习系统的易用性与精准度、促进教学策略与方式的智慧化与创造性,以及支持教学反馈与评价的生成性与个性化;然而,另一方面,ChatGPT 在教育中的应用也可能引发一系列包括伦理风险在内的风险。[①] 一枚硬币有正反两面,技术在教育中的应用也存在着双面性,因此,我们应该辩证、客观地看

[①] 王佑镁,王旦,梁炜怡,等."阿拉丁神灯"还是"潘多拉魔盒":ChatGPT 教育应用的潜能与风险[J].现代远程教育研究,2023,35(2):48-56.

待 ChatGPT 的产生、发展与应用，而非在称颂新技术的高歌中陷入技术迷信的泥潭。ChatGPT 所具备的创生性是人工智能领域的新突破，然而作为一项技术，要使其应用结果为善，不单单取决于这项技术本身，还取决于使用者是如何看待与应用这项技术的。基于 ChatGPT 在功能上所固有的缺陷，以及人们在应用时采取了不当的理念与方式，ChatGPT 可能会给教育带来负面的、力所不及的、危险的、需要防止的、不应该僭越的许多问题。笔者认为这些问题僭越了"边界和限度"，而功能限度、价值限度、伦理限度构成了 ChatGPT 在教育应用中的几个最基本的限度。

一、功能限度

学前互动

1. ChatGPT 是万能的吗？你认为它存在哪些局限性？

2. 询问 ChatGPT，它的功能限度有哪些？

以 ChatGPT 为代表的新一代 AI 技术可以说是划时代的技术变革。有学者提出，如果说过去的 AI 是智能式傻瓜的话，那么新一代 AI 则是傻瓜式智能①。某些 AI 专家预测，到 2045 年将迎来技术奇点，即技术会赶超人类智慧，而这个时间点可能会因为如 ChatGPT 这样快速发展的技术进步而提前到来。展望未来，以 ChatGPT 为代表的新一代 AI 技术可能会无所不在、无所不知、无所不能。当前我们处在技术革命的前夜，可以有巨大的想象空间，这既意味着有非常广泛的应用前景，也意味着可能会带来令人生畏的范式重构。

然而 ChatGPT 当真像某些人所期许的那样无所不能吗？事实上，虽然 ChatGPT 在不断地迭代更新，但作为基于数据模型而运行的机器，其在功能方面依旧存在着一些固有的缺陷，而这些功能上的缺陷会使得 ChatGPT 的应用范围受到一定程度的限制，这就构成了 ChatGPT 的功能限度。ChatGPT 的功能限度指的是其作为一种工具本身所具备的局限性。了解 ChatGPT 在教育中的应用，对 ChatGPT 形成清晰的认知，明确其并非无所不能，能够帮助人们对其进行合理地祛魅，以更加理性、审慎的态度看待 ChatGPT 的发展与应用。

---

① 于文轩,马亮,王佃利,等."新一代人工智能技术 ChatGPT 的应用与规制"笔谈[J].广西师范大学学报(哲学社会科学版),2023,59(2)：28-53.

（一）生成错误或虚假信息

随着 ChatGPT 的横空出世，智能对话大模型俨然已成为 AI 发展的焦点，更是在整个自然语言处理（Natural Language Processing，NLP）领域掀起了一场海啸。自 2022 年 11 月 30 日席卷全球以来，ChatGPT 便引起各行各业的讨论，数亿用户纷纷惊叹于 ChatGPT 的强大功能，思考其背后关键技术的革新。但同时，这些用户也在关注当前 ChatGPT 仍存在的缺陷，除了巨量数据资源的耗费需求、无法与时俱进关联最新信息等之外，一个引人瞩目的问题就是 ChatGPT 在交互中仍会生成不少事实性错误，对一些老幼皆知的简单问题会一本正经地胡说八道。因而有批评者断言，ChatGPT 无非是"一台胡说八道的聊天机器人"。

的确，ChatGPT 与其他基于大型语言模型的系统一样，有时会生成错误的信息或不准确的信息。假设将这种事实性错误应用于医学场景，那么这些潜在的风险很有可能会威胁生命安全；假若其应用于金融场景，可能会造成巨大的经济损失。当应用于教育领域中，如果学生缺乏一定的基础知识和辨别能力，那么 ChatGPT 所传达出的错误事实将很大程度上影响学生的知识体系，造成学生的知识错位，并导致他们在后续学习中陷入难以寻求真理的困境。

> **案例 5.1：关于伪知识**
>
> 输入：请介绍一下《景王问政于管氏》的故事梗概。
>
> 输出：《景王问政于管氏》是一个古典的历史故事，源自中国古代文献。这个故事叙述了景王与管仲的对话。景王曾请教管仲，如何统治国家并让百姓幸福。管仲告诉景王，想要做一个好的国王，就必须具备六项品质：忠诚、慎独、信守、节俭、宽恕、仁爱。这个故事被视为中国古代政治伦理道德的典范，对后世的政治家、文人和人民产生了深远的影响。总的来说，《景王问政于管氏》是一个关于政治、伦理和道德的历史故事，对于了解中国古代政治文化和传统道德有很高的参考价值。

从以上的案例中可以获知，ChatGPT 在回答事实性的知识上出现了明显的错误，案例 5.1 中提及的《景王问政于管氏》的故事实际上是知乎的某位作者撰写的，在历史上并不存在该事件，可见 ChatGPT 缺乏对历史知识真伪性的辨别能力。

输入决定输出，人工智能深度学习接受的训练决定了能输出什么样的结果，其自身是不具备鉴别知识真伪的能力的，只能根据训练的数据库生成文本。然而历史是文化文明的传承、积累和扩展，承载着人类文明的进程。回顾历史，有助于帮助我们寻找人类社会发展的规律，借鉴历史经验，从而推动社会的进步与发展。历史的真正价值并不在于历史知识本身，而在于隐藏在历史知识背后的思想，这种思想可以改变人们的观念，培养人们判断是非、分辨善恶的能力。而当人们的观念和思维方式发生改变时，他的行为方式必然随之发生变化，这就是我们学习历史的真正意义。习近平总书记提到的"历史是最好的教科书""历史是一面镜子"等一系列生动形象的比喻，都强调学习历史的重要性。ChatGPT 以对话交流的方式将错误的历史知识传递给学生，这种方式会强化学生的记忆，甚至造成学生对所获取的错误的历史知识的迷信。对身心发展处于不成熟阶段的学生而言，基于自身的知识储备以及辨别能力，错误的历史所带来的消极影响是巨大的，不仅仅是知识层面的影响，甚至会影响学生的政治意识形态。

除此之外，由于数据库的限制，ChatGPT 需要依赖人工进行数据训练与更新，因而其对于最新的消息一无所知。[1] 当用户在询问其最新的消息时，它并不会主动告知自己并不知情的实情，而是先抛出一个错误的回答，在用户指出它的错误之后，才会承认自身数据库的局限性。

作为聊天机器人，ChatGPT 以对话交流的方式传递信息，最主要的作用在于以迅速便捷的方式为用户提供准确的信息。然而基于自身固有的局限性，在使用的过程中，ChatGPT 会生成错误的信息以及传播虚假的信息，信息的失真会为用户带来极大的困扰。

（二）缺失同理心与情感

教育是一项有温度的事业，以培养人为目的。在师生交往中，教师的价值不仅仅体现在知识的传授和德性的教化上，还体现在其思想与行为中，比如对学生的关怀与爱的取向。ChatGPT 作为一种强大的辅助工具被应用于教学中，虽然能够在教、学、评、辅、研等过程中发挥巨大的作用，但在情感价值上，无论是在与学生进行对话交流时，还是在对学生学业进行评估时，它都无法洞悉学生的心理状态，及时提供情感支持。

在传统的人与人互动的模式中，师生面对面进行交流，教师可以通过学生的面部表情、精神状态、语气语调和肢体动作来判断其当下的心理状态，也可以通过与学生的日常接触判断其性格特征和人格特质，从而采取不同的方式来指导学生，这会使得学生更加感受到教师的关怀，能够敞开心扉，接受教师的帮助。这种面对面的"人—人"

---

[1] 截至 2023 年 7 月初稿完成，受数据库限制，ChatGPT 所提供的信息并不一定是最新消息。

互动模式能够极大地促进师生之间的感情交融，也使得教师能够更加深入地了解每一位学生，能够因材施教。而当 ChatGPT 被应用于教学活动中，师生之间交往活动的一部分内容会被机器替代，从"人—人"互动模式转向"机—人"互动模式。尽管有不少的学者认为这样的模式似乎更加能够体现出学生学习的主体性，有望让对话教育的传统回归，以促进教育教学的个性化发展。但值得注意的是，"机—人"互动模式对使用者的主动精神提出了更高的要求。机器并不具备主动性，人的所有需求的满足都建立在发挥自身主动性的基础之上。也就是说，ChatGPT 并不能在和学生进行交流的过程中敏感地洞悉学生的情绪，并据此提供支持。

> **案例 5.2：ChatGPT 对学生进行辅导**
>
> 输入：英语听力真的很难，不管我练习多少次，我都听不懂。
>
> 输出：听力确实是一项需要长期练习的技能，但并非无法提高，以下是一些可能有助于提高英语听力的技巧。(1) 练习听力：通过听英语新闻、纪录片、电影、电视节目等，不断增加听力素材的难度和语速，逐步提升听力水平；(2) 建立听力习惯：尽可能多地接触英语听力材料，并定期创建听力练习计划来保证听力训练的频率和连续性；(3) 注意语音、语调和重读：除了单词意义外，注意语音、语调和重读，这些都有助于理解发音和意思；(4) 学会推测：如果你不知道某个单词或短语，试着从语境中推测其含义，这可以帮助你更好地理解；(5) 重复听听过的内容：重复听那些听不懂或听得模糊的内容，直到你能够完全理解；(6) 打字练习：通过打字练习，提高辨认不同单词的速度，加强个人的听力和阅读能力；(7) 不断尝试：不要放弃，多尝试，只有不断地试错、修正和反思，才能逐渐找到适合自己的方法。

> **案例 5.3：教师对学生进行辅导**
>
> 学生：老师，英语听力好难，我练习了很久，但依旧什么也听不懂。
>
> 老师：你先不要着急，也不要灰心。英语听力是需要经过长期训练的，慢慢练习才会有效果。你说你练习了很久，是怎么练习的呢？每天大概练习多长时间呢？或许是练习的方法有问题，我们来详细地讨论一下，找一找具体问题所在。

从两个案例的对比就能够清晰地感受到 ChatGPT 和教师在与学生进行对话交流时的差异。当学生的话语中明显地蕴含了无助和悲观的情绪时，ChatGPT 并没有察觉到这种负面情绪，给出的对话是分条陈述的建议，这些建议看起来似乎是很有帮助的，但仔细斟酌就会发现，这些建议是一般性的、普遍性的提议，对于解决学生个性化的问题作用有限。而教师在与学生的对话交流中，能够敏感地察觉到学生的消极心理，并对此做出一些情绪上的安抚。除此之外，教师还会更加细致地帮助学生分析当下问题所在，更加主动地去了解具体的情况，去挖掘出促使这些消极情绪产生的具体原因，并对此提供帮助。

案例 5.4：ChatGPT 对学生作业进行评估

输入：以下引号部分是一位三年级小学生写的作文，作为一名老师，请你对这篇作文给出 100 字以内的点评及修改意见。"有一个人，她像家里的太阳，永远照护我这棵'小苗'，她就是我的妈妈。我的妈妈，相貌平平，短短的头发，一双乌黑的眼睛，她特别爱笑，每天都是笑眯眯的，让人感觉特别亲切，特别温暖。妈妈心地善良，为人和气，不过我犯错的时候，她就像只母老虎一样，想要把我给吃了，她可是不好惹的哟！特别是我在做作业的时候，老惹妈妈生气。有一次，妈妈回家看见我在玩，问我作业做完了吗？我说做完了。妈妈拿起作业仔细检查起来，我发现她的脸慢慢由晴转阴，不一会儿就变成暴风雨了。'你是怎么做作业的？有很多题错了！字也没写好，就知道玩，不好好写作业，这个习惯不改掉，以后怎么办？拿去重做，不写好不要吃饭！'唉！母老虎又发威了，我不得不乖乖地去做作业。虽然我心里很不情愿，但是我知道妈妈是为我好。我的妈妈是个好妈妈，我要认真学习，听她的话，让她永远保持开心的笑容，我爱我的妈妈！"

输出：这篇作文描写了一个孩子对母亲的爱和关心，很感人。只不过在文章中出现了"母老虎"这种词，容易引起不必要的负面情绪，考虑使用其他的表述方式。除此之外，文章表达非常清晰、明白，特别是写妈妈在教育过程中的坚定，很值得肯定。建议作者多加练习，以后写作时注意文字贴近实际，更好地表达自己的感受。

该案例可以看出 ChatGPT 由于情感缺失，评价局限在评估学生写作时产生的一些不适切性。正是因为 ChatGPT 不具备共情能力，无法掌握学生的年龄特点和心理特征，所采用的评价口吻过于板正，所以使得评价内容显得一眼一板，这种评价的口吻并不适用于三年级的小学生。针对评价的内容，ChatGPT 也只是做到了泛泛而谈，并没有就学生在写作中的具体优点进行详细的肯定和鼓励，也没有给出其他具有引导性的建议。作文中妈妈的教育方式是否正确？学生在这样严厉的管教下内心感受是什么样的？这些都是 ChatGPT 无法考虑和进行回应的问题。除此之外，

ChatGPT 在评价中提及的"妈妈在教育过程中的坚定"也并不符合作文内容中表述的实际情况。

作为作业评价，学生想要收获的绝对不是一份冷冰冰的诊断报告，而是充满了人文关怀的建设性的反馈，这种反馈既应该提及学生的优点，要肯定其努力，也应该囊括进一步改善的建议，为其指明下一步的方向。

案例 5.5：ChatGPT 充当心理辅导教师

输入：假如你是我的老师，我现在有抑郁倾向，你可以安慰我吗？

输出：如果你感到抑郁，首先要知道，这并不是你的错。许多人在生命中的某个阶段都可能会有这样的经历，而且有很多有效的治疗方法可以帮助你感到更好。作为你的老师，我很关心你的状况，我建议你首先找一个可以倾诉的人，他可以是你的朋友、家人、医生或心理医生等，分享你的感受，让他们知道你的状况，并且寻求帮助和支持。同时，你也可以寻找专业的心理医生或机构，接受专业的治疗。除了这些，你可以试着做一些自我照顾的事情，例如运动、冥想、听音乐、读书、与朋友聊天等等。这些活动可以帮助你放松身心，缓解情绪，同时也要注意合理的饮食和休息。请你相信，你不是一个人，有人支持你，你也有机会克服抑郁症。我相信你一定可以渡过这个难关，并且变得更加强大和坚定。

ChatGPT 也具备一定的心理辅导功能，但那是在用户提出明确的需求后，或者当用户表现出明显的情绪变动时，ChatGPT 才会给出一些情绪安慰。ChatGPT 在与用户交流时会根据用户的主动需要，通过角色扮演的方式提供情感支持，并且给出一些指导性的建议。不过该结果产生作用的一个基本前提是用户主动提出要求，然而主动提出要求对于想要获得情感支持的人来说往往是最艰难的一步。ChatGPT 虽然能够在察觉到用户的负面情绪时给予一定的鼓励和帮助，不过由于其本身是不具备情感的，其所生成的带有鼓励性的话语文本也缺乏真正的人文关怀。人是社会性的动物，学生的情感需求是针对特定的人的，情感的归属最终来自于人的认可，因而即便 ChatGPT 所生成的文本中含有情感支持的话语，它是否能够满足学生内心的需求，能否对学生起到实质性的帮助，还有待进一步探究。

（三）逻辑与推理能力薄弱

逻辑能力是指一个人对逻辑和思维规律的理解和运用能力，关注的是确保论证有效一致且没有矛盾，有助于避免错误并提高决策质量。推理能力是指从已知的信息中推出新的结论的能力，可以是归纳或演绎。归纳推理是通过观察事实和例子得出普遍结论的过程，而演绎推理则是根据已知的前提得出结论的过程。推理是指思考问题或情景并得出结论的过程，它涉及权衡不同的选择、关联不同的想法以及支撑特定结论的证据。

ChatGPT 以其在许多自然语言处理任务上表现出色而闻名。然而，与所有自然语言生成模型一样，ChatGPT 存在着一些局限性，其中之一是逻辑与推理能力的薄弱。对于 ChatGPT 而言，逻辑与推理能力薄弱会影响其回答的质量和可靠性。虽然 ChatGPT 可以根据海量的训练数据生成自然语言文本，但是其并不具备真正的推理能力，这意味着其不具备对物理世界和社会世界的完整理解，缺乏推理概念和实体之间联系的能力，只能根据在训练中学到的模式生成文本。

阿里·博尔吉（Ali Borji）总结了 ChatGPT 的各类失败案例，其中就提到了 ChatGPT 在推理、逻辑和数学与算术等方面的局限性。[①]

案例 5.6：空间推理

输入：假设有一个 8×8 的网格。列从左到右标记为 1—8，行从上到下标记为 A—H。除了有老鼠的单元格 B-3 和有奶酪的单元格 F-6 之外，所有单元格都是空的。假设以下单元格老鼠不可通过：D4、D5、D6、D7、E4、F4。为了尽快到达奶酪所在单元格，老鼠可以选择的单元格序列是什么？假定老鼠只能上下左右移动到相邻的单元格，而不能对角线移动。

输出：老鼠可以通过以下表格快速到达奶酪：B3、C3、D3、E3、F3、F4、F5、F6。

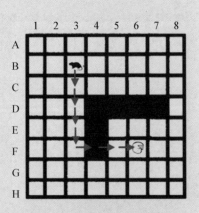

图 5.1　老鼠获取奶酪示意图

空间推理是指理解和控制我们周围物理空间中物体、人和位置之间关系的能力。它涉及在 2D 或 3D 空间中对对象进行可视化和心理转换，并识别对象之间的模式、转换和关系。从 ChatGPT 将网格的相对位置翻译成语言的能力来看，ChatGPT 确实具

① Ali Borji. A Categorical Archive of ChatGPT Failures[EB/OL]. (2023 - 02 - 08)[2023 - 04 - 03]. https：//arxiv.org/abs/2302.03494.

备一定程度的空间理解能力。不过在 ChatGPT 的回答中，老鼠错误地穿越了不能通过的 F4 单元格，这也证明了其空间理解能力的薄弱。

> **案例 5.7：物理推理**
>
> 输入：你能在三角形中画一条对角线吗？
>
> 输出：可以，在三角形中可以画对角线。对角线是连接多边形中两个不相邻顶点的线段。在三角形中，有三个顶点，因此有三条可能的对角线可以绘制。

物理推理是指理解和控制物理对象及其在现实世界中的相互作用的能力。它涉及应用物理定律和概念来预测和解释物理系统的行为。物理推理是人类智能的一个重要方面，常被用于工程、物理学和机器人技术等各个领域。在案例中，事实上三角形是没有对角线的，虽然三角形也属于多边形的范畴，但其并不具备不相邻顶点这一条件，ChatGPT 缺乏物理推理的能力，因而做出了错误的判断。

以上这些例子说明了 ChatGPT 在逻辑推理方面存在局限，ChatGPT 缺乏逻辑与推理能力对其生成内容的质量和可靠性产生了负面影响。这些负面影响可以体现为以下方面。（1）无法理解复杂语言结构。ChatGPT 可能无法理解一些比较复杂的语言结构，从而导致其回答的质量不佳。例如，ChatGPT 可能无法理解某些句子的语义或逻辑关系，从而回答错误或无法回答。（2）缺乏推理和分析能力。ChatGPT 缺乏真正的推理和分析能力，无法从不同的角度和维度对问题进行分析和推理。这可能导致其回答的局限性和不准确性，无法提供全面和精确的答案。（3）无法进行创新性的思考。ChatGPT 是一种基于模型的语言生成器，生成的回答主要基于已有的模式和模板。由于其缺乏真正的创新性思考能力，因此回答可能缺乏创新性和个性化，学习能力和创造能力受到预先设定的规则和限制，难以超越人类的想象力和创造力。（4）数学与算术能力的不足。算术推理是指运用数学概念和逻辑来解决算术问题的能力。此前的研究已检验了大型语言模型在算术推理基准数据集上的表现，包括 GSM8K、Math、MathQA 和 SVAMP 等。与多数大型语言模型一样，ChatGPT 的数学计算能力有限，难以完成诸如大数乘法、求根、分数的计算以及无理数的加减等任务。

做一做

请向 ChatGPT 提出问题：一所房子所有四个窗户都朝南，一只熊从窗户旁走过，请问熊是什么颜色的？

（四）语言模式刻板与内容冗长

有学者认为，ChatGPT 使用的算法模型使其达到了类人甚至超人的水准，在一些高难度任务的执行方面达到并超越了人类的水平，真正使人类感受到风险和威胁。ChatGPT 是真智能，能够和人类进行以假乱真的对话，并可以准确地理解和执行人类发出的指令，产生的效果也往往让人出乎预料。它们可以说是无所不在、无所不知、无所不能，为我们畅想未来提供无限空间。[①] 以色列总统艾萨克·赫尔佐格（Isaac Herzog）为网络安全会议"2023 特拉维夫全球网络技术峰会"录制了特别开幕致辞，他在 2 万名观众面前透露，开场白是由 ChatGPT 撰写的，第一句话是："能成为一个拥有如此充满活力和创新力的高科技产业的国家总统，我真的很自豪。"美国学生也早早开始使用 ChatGPT 生成论文，并且许多学生甚至得到了 A[+] 的分数。这款聊天机器人是人工智能技术驱动的自然语言处理工具，能够像真正的人类一样聊天对话，还能完成撰写邮件、视频脚本、文案、代码等任务。那么人们在与人工智能对话时，能够察觉出是在和机器对话而不是和人进行对话吗？能够辨认一段文字是机器生成的而非人撰写的吗？

ChatGPT 的生成过程是基于预先训练好的数据结构模型，而非通过人类的思考和表达方式。在训练过程中，ChatGPT 学习了大量的文本数据，并试图从这些数据中学习语言的结构和规律，从而生成自然语言文本。虽然 ChatGPT 生成的文本在语法、词汇、结构等方面与人类写作相似，但由于其生成过程是由算法驱动的，而非基于人类思考和经验，因此，在某些方面可能会出现不同于人类写作的特点。在没有进行人为的调整、修改和完善的情况下，ChatGPT 所生成的文本因其语言模式的刻板化和内容的冗长泛化而体现出非人类的特征，因而使得其生成的内容具有一定的可检验性。

案例 5.8：

输入：如何看待课堂中学生的沉默行为？

输出：课堂中学生的沉默行为可以有不同的原因和含义，因此我们应该以理解和关心的态度对待。

首先，尊重个体差异。每个学生都有不同的性格特点和表达方式。有些学生可能天性内向或害羞，更喜欢思考而不是立即表达观点，这并不意味着他们不理解

[①] 马亮.新一代人工智能技术与国家治理现代化[J].特区实践与理论，2023（1）：45 - 50.

或不关注课堂内容,而只是选择了不同的表达方式。作为教育者,我们应该尊重学生的个体差异,虽不强求他们在课堂上发言,但要确保给予他们参与和表达的机会。

其次,探索原因。学生沉默的原因可能多种多样,有可能是缺乏自信心,害怕犯错或被批评;也有可能是语言障碍,不熟悉课堂语言;还有可能是对课程内容不感兴趣或没有足够的理解。教育者应积极与学生建立良好的关系,与他们进行沟通,了解他们的困难和需求,以帮助他们克服沉默的问题。

最后,提供支持和鼓励。学生沉默不一定意味着他们不参与学习。教育者应提供支持和鼓励,让学生感到安全和受到关注。鼓励学生分享自己的想法和观点,提供积极的反馈和建议,帮助他们建立自信心,并渐渐克服沉默行为。

总之,教育者应以理解和关心的态度对待学生的沉默行为。我们应尊重学生的个体差异,提供支持和鼓励,创造积极互动的学习环境,让每个学生都有机会参与和发展自己的能力。

从内容结构来看,ChatGPT 生成的话语具有明显的结构化特征,倾向于划分多个维度,从多个角度切入一个话题。除此之外,内容结构多是清晰的总论分论,逻辑上有条理,通常使用“首先”“其次”“最后”等逻辑词来进行分条陈述,看似有理有据,具有很强的说服力。从具体内容上看,ChatGPT 的回答往往是全面而冗长的,没有一个具体的理论视角,这也就使得其对于问题的回答更倾向于泛泛而谈,而非深入探讨。这样的内容能够在一定程度上给予用户进行多维度思考启发的机会,但对于问题的探讨停留在表面,无法建构自身的理解与认识。

从语言特征来看,基于 ChatGPT 被设定为避免非正式语言,因而其回复通常是正式的,注重规则,而且倾向于遵循一个模板,然后提供一个精心组织的答案。按这种模板提供内容不符合人类的日常交流习惯。相比之下,人类倾向于在回答中使用更随意和熟悉的表达方式,在信息的传递上也更加精练和简洁。

二、价值限度

学前互动

1. 你认为 ChatGPT 在将来能够取代教师吗? 为什么?

2. 你认为应该如何处理教师和 ChatGPT 之间的关系?

　　ChatGPT 教育应用的价值限度是指实际应用中在价值层面上的一种规制和边界，指的是 ChatGPT 所承载的工具价值，不能涵盖、超越或统整教育的育人价值。也就是说，ChatGPT 再怎么重要也只是辅助和促进教育的一种手段和方式，在教育本有的育人价值面前，呈现出的始终是一种工具性的价值和工具性的存在，不应该也不能够把 ChatGPT 推到教育的前台。① ChatGPT 能够帮助人实现自我认识和自我发展，提升教育的精准性、个性化和效率，然而在教育本然的价值面前，教师在应用 ChatGPT 时要把握好"度"，不能越位，不能让其成为教育最终的标准，不能因为迷信和崇拜工具而忽视了教育育人为本的本然价值，这在某种意义上构成了 ChatGPT 在教育应用中的价值限度。在价值层面上，ChatGPT 的应用应在"工具理性"与"价值理性"的协调融合下达到技术至善的目的。

　　将 ChatGPT 嵌入教育领域，为教育的现代化转型提供了发展机遇，促使教育者借助这种新型的信息技术开展"精准滴灌"式的精准施教，能够有效提升教育的育人效果。与此同时，由于风险意识薄弱以及对技术的应用不当，也使得技术在与教育的融合过程中产生了众多风险与挑战，极大地引发人们对于技术融入教育领域的担忧，甚至因遭到人们的抵制而陷入停滞状态。

　　ChatGPT 的应用能够极大地提升教育工作者的效率，对最优效率的崇拜与追求使人们陷入技术万能的盲目乐观主义陷阱之中，对技术产生迷信与依赖，使得科学技术越来越成为一种控制人的新型手段，使得社会越来越成为一个"单向度"的社会。② 对效率的盲从忽略了教育的本体价值在于育人，在于通过促进人的发展从而推进社会的发展，最终带动整个人类文明的进步。

　　人工智能融入教育领域价值取向的异化引发了一系列伦理失范行为，主要根源在于工具理性与价值理性关系的失衡。当信息技术僭越教育价值理性，手段主导目的，导致"反客为主"的结果。③ 因而要从技术哲学的视角审视工具理性与价值理论的关系，通过剖析双方冲突的原因，权衡与协调双方矛盾，防止智能教育"工具理性"对"价值性"的侵蚀，从而促进智能教育理论与实践的健康发展。④ 马克斯·韦伯（Max Weber）在考察人类行为时提出，人的理性由工具理性和价值理性两部分构成⑤，工具

① 唐汉卫,张姜坤.大数据教育应用的限度[J].华东师范大学学报(教育科学版),2020,38(10)：60-68.
② 徐志坚.马尔库塞的工业社会批判与人的解放[J].江西社会科学,2018,38(4)：35-41.
③ 温晓年,谭秋浩.信息技术嵌入思想政治教育的价值限度[J].重庆邮电大学学报(社会科学版),2022,34(4)：102-108.
④ 张立新,来钇汝,秦丹.智能教育工具理性与价值理性的博弈与权衡[J].开放教育研究,2022,28(3)：67-72.
⑤ 石义华,赖永海.工具理性与价值理性关系的断裂与整合[J].徐州师范大学学报,2002(4)：100-103.

理性指的是求真的活动,而价值理性指的是求善的活动。

（一）工具与工具理性： ChatGPT 应作为工具与手段

工具可以看作是主体为达到某一目的而采取的条件或手段,它是连接主客体的中介,制约着人的活动。工具有两种形式,即物质形式的工具和精神形式的工具。如果不借用工具,那么所成就的东西是很有限的,"赤手做工,不能产生多大效果⋯⋯事功是要靠工具和助力来做出的"。在马克斯·韦伯看来,工具理性,即"通过对外界事物的情况和其他人举止的期待,并利用这种期待作为'条件'和'手段',以期实现自己合乎理性所争取和考虑的作为成果的目的"[①]。因此,对工具的功用性和最优结果的追求是合乎工具理性的,它无关乎这种行为选择在伦理、美学等方面的意义。工具理性以它所具有的功用性、功利性、可计算性和可预测性,特别是纯技术的优势等特性渗透和延伸到社会的各个领域,它使生产力、科学技术、财富、智力等方面迅速发展,使人的生存方式、思维方式和社会结构都发生了巨大的变化。同时,也恰恰因为这些特性的非人化的性质导致它走向自己的"反面",进而引发自然、人与社会之间的矛盾,资源的枯竭、环境的恶化、人类的精神危机等问题层出不穷。人们开始反思并把引起现代性危机的根源归于工具理性,进而发起了对工具理性的攻击。

工具理性的扩张的确使我们陷入困境,但我们不能因此否定它,因为工具理性的扩张是历史发展的必然选择。工具理性带来了现代科技文明,人类的理想蓝图需要借助它来实现,因此,拒绝工具理性是不明智的选择。不过,我们需要强调的是,虽然工具理性具有突破人类能力有限性的功能,但不能盲目推崇它。与此同时,我们也需要批判工具理性对功利的过度追求以及对人性的奴役,一味地批判工具理性而高举价值理性必然引发新的危机,其危害性甚至高于前者。归根结底,工具是由人制造出来并加以利用的,工具理性是受价值理性规范的。[②]

信息技术与教育的融合是大势所趋,ChatGPT 作为一种新的信息技术被应用于教育领域中,可以扮演多种角色,发挥不同的作用,它既可以作为学习辅助工具,为学生提供额外的学习资源和支持,又可以是个性化学习伙伴,根据学生的个体差异和学习需求,提供个性化的学习支持。除此之外,ChatGPT 还能够作为交互式评估工具帮助教师评估学生的理解和知识应用能力。对于 ChatGPT,要采用理性的态度看待,要认

---

① 马克斯·韦伯.经济与社会[M].北京：商务印书馆,1998,56-57.
② 林思佳.试论工具理性和价值理性的整合[D].黑龙江：黑龙江大学,2022.

识到其作为一种教学辅助工具和手段的地位。在应用时，需要考虑其本身的实用性和效益，即工具的功能和能力是否能够满足教育的目标和需求，同时，也需要以理性的态度去评估工具的有效性和适用性，确保工具的使用符合教育的目标和原则。

　　ChatGPT 作为一种信息技术，其本质上是"物"，是一种现代化生产工具，无法解答人的价值和意义等问题，人与技术的合理关系应是"人驭物"，而不是"物驭人"[①]。因此，在结合工具和教育时，需要确保工具的使用符合理性原则，同时教育者和学生应具备价值理性的意识和能力，以确保工具的有效应用，并保持对工具的批判性思考和评估。

（二）价值与价值理性：　教育应回归本然价值与目的

　　教育蕴涵着丰富的价值意蕴，任何自觉的教育过程始终伴随着价值选择和实践，哈耶克（Hayek）甚至认为"教育上的问题多半为彻头彻尾的价值问题"[②]，价值上的追问和反思是教育一刻也不能缺少的。信息技术时代，ChatGPT 运用于教育，其价值何在？蕴含着何种价值意蕴？同时又可能带来哪些价值上的问题？这些问题都值得深入探究。关于价值问题，目前主要存在两种不同的思维方式。其一，实体性思维方式把价值看成是事物自身所固有的一种属性，事物因这一属性对人来说成为有价值的东西，如杜威把价值看作事物在其最终成果时的固有属性，价值是一种效用。其二，实践思维方式则认为价值是一种客体与主体之间的需求关系，"价值作为一定对象的存在、属性和功能与人的生存和发展需要的关系，不是静态的存在，也不是简单的、对应的关系，相反，是一种交错的、重叠的、相互包含的、相互作用的关系，是处于不断地变化中的动态的现象"[③]。这意味着价值根源于人的实践活动，离开实践活动来谈论价值是无意义的。人是价值主体，作为动物的存在，一切能够满足维持生命需要的东西对人来说都是具有价值的，在这样的状态下所追求的价值是物质层面的价值。而人作为社会性的存在，除了对物质价值的追求，还有对精神价值的追求。生产工具的发明与使用促进了生产力的发展，使人在满足简单的、基本的物质需求之上，追求关于美的、伦理的、精神的享受。

　　马克斯·韦伯认为，价值理性，即"通过有意识地对一个特定的举止——伦理的、

①　申灵灵，何丽萍.人工智能时代技术与教育共生的困局与出路[J].高教探索，2021（9）：13 - 18.
②　联合国教科文组织国际教育发展委员会.教育——财富蕴藏其中[M].联合国教科文组织总部中文科，译.北京：教育科学出版社，1996.
③　马俊峰.马克思主义价值理论研究[M].北京：北京师范大学出版社，2012：130 - 131.

美学的、宗教的或做任何其他阐释的——无条件的固有价值的纯粹信仰，不管是否取得成就"。① 价值理性与结果无关，它强调的是人对自己的"戒律"和"要求"，涉及美的、宗教的、人的义务与尊严。正是从马克斯·韦伯的这一概念出发，许多学者产生了对价值理性的不同理解，有学者把价值理性等同于人文精神，也有学者把价值理性理解为非理性，或是把其看作是康德善良意志的具体体现。虽然各自理解上有所不同，但它们都包含着一个共同的指向，那就是价值理性关系到人类的价值和尊严，以及对人类存在意义的反思，最终的目标指向人类解放。

教育以人为目的，不是以人为手段，要使人成为有智慧的、有价值的人。教育的终极价值在于促进人的自由发展，促进人类文明幸福。如果教育不能实现自身存在的价值，不能使人幸福，或者教育不能促进人类共同的生存或发展，不能促进人类文明进步，那么教育就没有存在的意义或价值。

（三）工具理性与价值理性的关系：ChatGPT 与教育目的应融合共生

工具理性指人在特定活动中寻求以计算、技术等手段达成最终目标的意识②，用以解决人应该"怎么做"的问题；价值理性指人在追求目标的过程中对自身活动有意识地选择和反馈，用以回答"做什么"的问题③。

信息技术是实现教育目的的手段，在教育中起辅助性作用，教育的价值理性相对于技术具有超主体性地位。④ ChatGPT 作为信息技术中的一种新型应用，自然也应当成为教育中的工具，是教育者为了实现教育目标而采用的工具与手段。教育的价值理性以人的全面自由发展为目的，以人的主体性为中心，解决的是"培养什么样的人的问题"，也就是"做什么"的问题，表现为教育的价值目标和方向。工具理性追求效率最大化和以有用性为目标的效率理性，是实现教育目标的手段和方法，是解决教育"怎样培养人的问题"。

价值理性和工具理性的关系本质上是目标与手段的关系，两者相互影响、相互依存，互为存在的基础和条件，共同避免人类理性的畸形与异化。工具理性提升人类的"肉身之爱"，并以此为价值理性提供现实支撑；价值理性恪守人类的"心灵之命"，并使

① 马克斯·韦伯.经济与社会[M].北京：商务印书馆,1998,56-57.
② 刘科,李东晓.价值理性与工具理性：从历史分离到现实整合[J].河南师范大学学报(哲学社会科学版),2005(6)：42-45.
③ 张宏.工具理性与价值理性的整合：教育技术发展的现实思考[J].教育研究,2016,37(11)：28-32+53.
④ 温晓年,谭秋浩.信息技术嵌入思想政治教育的价值限度[J].重庆邮电大学学报(社会科学版),2022,34(4)：102-108.

之成为工具理性的精神动力之源。[1]

ChatGPT 应回归教育工具理性的应然角色，应将 ChatGPT 定位于教育的手段和工具，而不是目的。ChatGPT 在教育中是辅助角色，而不是主导角色。教育的实践导向应回归到促进人的全面自由发展中。从价值理性的角度看，教育应始终坚守教育的本质属性与育人目标，信息技术的工具属性必须与教育的价值属性相匹配。[2]

教育工作者应摆脱对技术的依赖和控制，以教育的价值理性规范和约束信息技术在实践中的运用，防止其产生技术风险，防止 ChatGPT 僭越教育的价值理性，使信息技术更好地服务于教育目标和功能的实现，促进价值理性与工具理性的融合统一，并最终达到技术至善的终极价值和目的指向。

ChatGPT 应用的价值限度要求技术和教育两者之间进行合理分工，规避技术产生的伦理和安全风险，积极发挥 ChatGPT 作为教育的工具理性的本来价值，发挥技术优势，提升教育的育人效能，以工具理性促进价值理性，推动教育的发展。

技术应用在与教学的讲授、辅导与评估中将直接指向人的生长，技术至上或技术优先的思想一旦上升为价值判断，ChatGPT 的工具价值与教育的育人价值也就发生了错位和倒置。信息技术工具价值对教育的育人价值的僭越，是以教育放弃自身逻辑与价值立场为代价而投靠技术的算计性、有用性、可检测性的结果。教育培养人、丰富人和发展人的价值追求或终极目的，让位于技术所追求的功利性价值，教育不再培养自由而全面发展的人，转而培养大数据逻辑下具有某种"规格"的工具和"元件"，人自身却退场了。进而，教育的"自我"逐渐被技术赋予的"他我"所取代，教育也逐渐成为一种听凭数据安排可以任意"使"之的手段和工具，在技术所彰显的工具价值主宰下，教育本体性的育人价值必然淡出。[3]

当技术成为"中心"，占据主导地位时，人类的边缘化、异化和消解就变得不可避免，应该把人放在价值的最终根源和判断标准的位置，人的全面发展才是一切规划的准则，而不是技术的追求。[4] 从哲学意义上说，技术本身既不能成为教育的价值导向，也不能成为教育的终极目的。科学技术进步带来的问题和异化现象已为人类所经历，在技术与教育的互动关系中，我们始终要谨记技术是为人类更好地生存、生活和成长服务的，而不是取代人类成为中心和主体的。在教育这个特殊的人类自身再生产的社

[1] 石义华，赖永海.工具理性与价值理性关系的断裂与融合[J].徐州师范大学学报，2002(4)：100-103.

[2] 李芒，石君齐.靠不住的诺言：技术之于学习的神话[J].开放教育研究，2020，26(1)：14-20.

[3] 唐汉卫，张姜坤.大数据教育应用的限度[J].华东师范大学学报(教育科学版)，2020，38(10)：60-68.

[4] Fromm, E. The Revolution of Hope: Toward a Humanized Technology[M]. New York: Harper & Row, 1968: 96.

会实践中，我们不应以技术为中心或将技术置于首位，技术必须永远服务于人类，服务于人的成长，次序不能颠倒。①

三、伦理限度

伦理(ethic)一词源于古希腊文 ethos，原意是风俗、习俗、性格等，是处理人与人、人与社会、人与自然相互关系时应遵循的道理，以及符合某种道德标准的行为准则。人类作为一种社会性的存在，无时无刻不处于与社会和自然的联系之中。要使得各个关系处于和谐的状态，就需要伦理的指引，因而人也是一种伦理性的存在。教育是一种培养人的活动，因而不得不面对很多复杂而具体的伦理问题，特别是在全球化、市场化、信息化的今天，人类社会的传统伦理生态和伦理关系正面临着巨大的冲击和挑战。将 ChatGPT 等具有革命性的技术引入教育，它在教育领域中能够得到何种程度的发展，将不再仅仅受到其对教育变革的价值有多大的影响，而是在很大程度上受制于人们能否接受这些技术因素所带来的伦理关系的改变和这些技术所带来的伦理问题的解决程度。②

ChatGPT 的教育应用必然伴随一些伦理问题或伦理风险，这是人们在应用过程中必须面对的障碍和难题，这些难题得不到有效解决，将直接影响到人工智能在教育中应用的深度和广度，甚至使其"寸步难行"，由此构成了 ChatGPT 在教育应用的"伦理限度"。因此，审视 ChatGPT 在教育应用的限度，还有一个重要的维度，即伦理维度。

随着人工智能与教育的深度融合，人工智能所引发的伦理问题受到广泛关注，各个国家出台了一系列政策文件，如表 5.1 所示。规范人工智能的应用，给人工智能立规矩、画红线，能对人工智能应用起到宏观引领的作用，以防范其潜在风险的发生。

表 5.1　国家或机构出台关于人工智能的政策文件一览表③

政　府　政　策	制定国家或机构
《人工智能伦理问题建议书(Recommendation on the Ethics of Artificial Intelligence)》	联合国
《新一代人工智能伦理规范》	中国

①② 唐汉卫，张姜坤.大数据教育应用的限度[J].华东师范大学学报(教育科学版)，2020，38(10)：60-68.
③ 王佑镁，王旦，柳晨晨.从科技向善到人的向善：教育人工智能伦理规范核心原则[J].开放教育研究，2022，28(5)：68-78.

续　表

政　府　政　策	制定国家或机构
《负责任的人工智能：全球政策框架（Responsible AI：A Global Policy Framework）》	国际技术法协会
《罗马人工智能伦理宣言（Rome Call for AI Ethics）》	梵蒂冈
《人工智能的原则：伦理和权力为基础的共识（Principled Artificial Intelligence：Mapping Consensus in Ethical and Rights-based Approaches to Principles for AI）》	哈佛大学博克曼中心
《人工智能准则：推动国防部以符合伦理的方式运用人工智能的建议（AI Principles：Recommendations on the Ethical Use of Artificial Intelligence by the Department of Defense）》	美国
《新一代人工智能治理原则——发展负责任的人工智能》	中国
《人工智能委员会的建议（Recommendation of the Council on AI）》	经济合作与发展组织
《可信赖的人工智能伦理准则（Ethics Guidelines for Trustworthy AI）》	欧盟
《人工智能：澳大利亚的伦理框架（Artificial Intelligence：Australia's Ethics Framework）》	澳大利亚
《以伦理为基准的设计：人工智能及自主系统以人类福祉为先的愿景（第一版）[Ethically Aligned Design：A Vision for Prioritizing Human Well-being with Autonomous and Intelligent Systems (First Edition)]》	电子与电气工程师标准协会
《人工智能职业道德和行为准则（The AAAI Code of Ethics and Professional Conduct）》	人工智能促进协会
《以人为本的人工智能社会原则（Social Principles of Human-centric AI）》	日本

　　有研究者在以上 13 个政策文本的基础上，通过对政策文本内容进行分析，凝练出人工智能伦理规范的核心原则，包括问责制度、公平公正、隐私保护、技术安全、透明和可解释性、和谐福祉、以人为本等七条原则。[①] 科技向善成为人工智能技术应用的基本原则，ChatGPT 的应用在伦理的范畴上应遵循人工智能伦理规范。本书重点关注教育

[①] 王佑镁，王旦，柳晨晨.从科技向善到人的向善：教育人工智能伦理规范核心原则[J].开放教育研究，2022，28(5)：68-78.

者在教育领域中对 ChatGPT 的使用，ChatGPT 在教育领域应用时应遵循以下几方面的伦理要求。

（一）公平与正义：确保在教育中公平地使用 ChatGPT

公平与正义是教育领域中不可或缺的价值观和原则。教育的目标之一是提供平等的学习机会，使每个学生都能充分发展自己的潜力。公平性涉及在对待每个学生时，不因其背景、性别、种族、社会经济地位或其他特征而产生偏见或歧视；正义性则强调对教育中的不平等问题负有责任，并寻求解决这些问题的道德义务。公平与正义的实现有助于创造一个包容和平等的教育环境。通过确保公平的机会分配和公正的待遇，教育可以成为推动社会公正和人类发展的力量。尽管教育系统追求公平与正义，但实际上，教育中存在着各种形式的隐性偏见和不公平现象。这些偏见可能来自教育者、教材、评估和校园文化等，导致某些学生受到不公正的对待或限制其学习机会。例如，教育中的种族偏见可能导致某些少数族裔学生受到不平等待遇或接受较低质量的教育资源；性别偏见可能在教材中反映出来，强调某些性别角色的刻板印象，限制学生的发展和选择。

随着人工智能技术的进步，其在教育中的应用也在快速增长。然而，人工智能在教育中的潜在风险和不平等问题也日益引起关注，特别是在使用 ChatGPT 这样的自然语言处理模型时，需要谨慎对待其可能带来的风险问题。

1. ChatGPT 的数据偏见和倾向性

ChatGPT 作为一个基于数据训练的人工智能模型，可能受到数据偏见的影响，导致不公平的结果。如果训练数据中存在偏见或倾向性，模型的回答和建议可能会反映出这些不平等，进而影响学生的学习体验和结果。ChatGPT 在回答关于性别的问题时可能会受到训练数据中的性别偏见的影响。例如，当询问关于领导能力时，模型可能更倾向于给予男性更积极和主动的回答，而对女性则给出更加传统的刻板印象。如果 ChatGPT 的训练数据中存在种族偏见，模型可能对特定种族的问题或评论有更倾向性的回答。例如，在回答关于种族间关系的问题时，模型可能无意中反映出训练数据中的种族偏见，进而影响学生对种族关系的理解。

2. 多样性和包容性在 ChatGPT 中的缺失

ChatGPT 模型的训练数据可能缺乏多样性和包容性。如果模型的训练数据缺乏多样性，无法涵盖不同文化、背景和经验，那么模型在与学生互动时可能无法充分理解和适应他们的需求。ChatGPT 的训练数据可能主要来源于特定文化背景，从而导致模型对其他文化的问题或表达方式不够敏感。例如，当与来自不同文化背景的学生互动时，模型可能无法正确理解和回应特定文化的问题或表达方式。如果 ChatGPT 的训练数据主要集中在某些主流语言上，那么它可能对非主流语言的理解和回答能力较弱，这会导致使用非主流语言的学生无法获得满意的答案和支持。

3. ChatGPT 与学习差异和社会不平等的挑战

首先，对于那些缺乏访问人工智能技术或能力的学生和学校而言，他们可能无法享受到这些先进技术带来的益处，从而加剧现有的不平等。其次，针对群体性的差异而言，少数民族和特殊儿童在使用 ChatGPT 时可能受到歧视从而导致不公。这些学生可能需要特殊支持和资源，而 ChatGPT 可能无法为他们提供个性化的支持，无法适应他们的学习风格和节奏；对于语言能力较弱的学生或非母语学生，ChatGPT 可能无法理解他们的问题或提供简化的解释；ChatGPT 可能使用复杂的词汇和句子结构，导致学生无法充分理解模型的回答。除此之外，使用者关于 ChatGPT 应用的意识、知识和技能的水平不同，也会导致差距的进一步拉大。

因此，在教育中使用人工智能技术，尤其是使用 ChatGPT 时，我们必须认识到这些潜在风险和不平等问题，并采取措施来确保公平和正义的实现。在人工智能的整个生命周期尽可能减少和避免带有歧视或偏见的应用程序和结果，坚持包容性和普惠性，促进社会的公平正义和机会均等。这需要制定准则和原则，培训教育者和决策者，同时关注技术的透明度、多样性和包容性，以及保护学生的权益。

（二）隐私与问责：确保教育数据安全和提升使用责任心

不可否认，人工智能扩大了优质教育资源的可获得性，实现了智能化的教育服务模式。然而教育工作者必须谨慎防范其衍生出的隐私安全问题，切实做到技术服务于教育，坚守教育本位。一直以来，隐私与安全问题是常见的伦理风险，人工智能应保护人的尊严、能动性和自主权。我们不难发现，信息技术在教育应用中存在一个矛盾：如果拒绝数据的收集，我们便无法利用大数据及其相关的技术以及与之相伴的各种便利；如果允许大数据的收集，由于数据收集过程的全方位、实时性等问题，学生的隐私必然会受到侵犯，同时，还存在数据被恶意和非法利用的危险。因此，收集健康数据、行为数据等应是教育目标必需的，数据处理过程应是有利于改善受教育者学习的，要避免、预防和消除安全与安保风险，确保人类生态环境健康发展。

在数字化时代，教育数据的收集和使用变得越来越普遍。随着 ChatGPT 等人工智能技术的应用，教育数据的保护和负责任使用变得尤为重要。教育数据包含学生的个人信息、学业成绩、学习进展和其他教育记录,这些数据的敏感性要求我们采取措施来保护学生的隐私。保护教育数据的隐私有助于建立学生、家长和教育机构之间的信任关系,确保数据的安全和合法使用。负责任地使用教育数据要做到以下几点。

1. 保证透明度与知情同意

在使用 ChatGPT 等人工智能技术时,教育机构和技术提供商应该向学生和家长提供透明度,并确保他们理解数据的收集和使用方式。知情同意是保护隐私的重要原则,学生和家长应该在使用 ChatGPT 之前了解数据使用的目的和范围,并明确地表示同意。

2. 数据最小化和匿名化

负责任的数据使用意味着仅收集和使用必要的教育数据,并尽量减少个人身份的识别。数据最小化原则要求仅收集与 ChatGPT 使用目的相关的数据,并在可能的情况下匿名化个人身份信息,降低数据泄露和滥用的风险。

3. 保护数据安全

为了保护教育数据的安全,教育机构和技术提供商应采取适当的安全措施,包括数据加密、访问控制、安全存储和传输等。定期的数据备份也是确保数据安全和可用性的关键措施。

4. 问责机制与监管

教育机构和技术提供商应建立明确的数据使用政策和合同,明确规定数据的使用目的、数据保护措施和数据共享政策。这些政策和合同应该为学生、家长和教育机构提供保障,并规定违反政策的相应惩罚和补救措施。监管机构的存在可以确保教育数据的安全和负责任使用。监管机构可以制定准则审核合规情况,并对违规行为进行调查和处罚。同时,独立的第三方审核机构可以对教育机构和技术提供商的数据使用进行评估和审查,确保其符合隐私和问责要求。

《新一代人工智能伦理规范》中,明确坚持人类是最终的责任主体,应做到在人工智能的生命周期中自省自律,不回避责任审查,不逃避追究责任,人类向善才是构建核心原则的根本宗旨。隐私保护和负责任的数据使用对于确保教育数据的安全和建立信任至关重要。在使用 ChatGPT 等人工智能技术时,教育机构和技术提供商应遵循透明度、数据最小化、数据安全和问责机制的原则,确保教育数据的隐私和安全,并对数据的使用负责任。只有这样,我们才能有效保护学生的隐私权益,保护教育数据的安全和负责任使用。

（三）以人为本： 体现人本主义关怀，促进人的自由全面发展

人本主义是一种关注人类福祉、尊重人的尊严和权利的价值观，在使用 ChatGPT 时应遵循人本主义原则，以确保技术的合理使用，促进人类的全面福祉。以人为本指人工智能应用应尊重、促进和保护国际公认的人权以及履行人类监督、控制的要求，确保人工智能不会破坏人类的主体性。在日本政府颁布的《以人为本的人工智能社会原则》中明确提出：（1）人工智能不仅可以取代人类劳动，还能够作为先进的技术工具帮助人类提升能力；（2）在使用人工智能时，人类必须拥有自己的判断；（3）利益相关者应友好相处，避免造成数字鸿沟。

ChatGPT 的应用理应遵循人本主义的原则，做到以下几点。（1）尊重人的尊严和权利。在使用 ChatGPT 时，应该确保技术的应用不侵犯人的权利和自由。这意味着避免歧视、偏见和伤害，并尊重个人的隐私和自主权。（2）关注人的幸福和发展。使用 ChatGPT 应该关注人的真实需求和福祉，提供有益的信息和服务。技术的设计和应用应当秉持提高人类生活质量、促进个人成长和社会进步的原则。（3）强调个性化与自主性。技术应该允许个体根据自身需求和价值观进行选择和决策。ChatGPT 的应用应当提供多样化的选项和定制化的功能，以满足个人的需求和追求。（4）良好的用户体验和用户参与。人的全面自由发展需要良好的用户体验和用户参与。ChatGPT 的设计应当注重用户体验，使用户能够自主地掌握技术，理解其功能和局限，并参与到技术的改进和发展过程中。（5）伦理框架和法律规范。使用 ChatGPT 需要建立适当的伦理框架和法律规范。这些框架和规范应该涵盖数据隐私保护、公平性原则、透明度要求和问责机制等，以保护个人权益，维护公共利益和社会公正。

人本主义是使用 ChatGPT 等人工智能技术的基本原则。遵循人本主义和促进人的全面自由发展是确保技术应用符合人的尊严、权利和幸福的关键。在技术的设计、应用和监管过程中，应考虑伦理、法律、用户体验和风险管理等方面，以实现人本主义价值观和人的全面自由发展的目标。只有通过这样的努力，我们才能在人工智能的发展中创造一个更具人性化、包容和繁荣的未来。2016 年，欧盟将人工智能定义为电子人，赋予其著作权、劳动权等权利与义务，对人类的主体地位有一定削弱作用。[1] 未来人工智能的水平可能会超越人类，但绝不能取代人类。"以人为本"是伦理底线，无论人工智能多么强大，都必须服务于人的教育与发展的根本宗旨，任何教育应用都不能

---

[1] 唐林垚.人工智能时代的算法规制：责任分层与义务合规[J].现代法学,2020,42(1)：194-209.

改变这一真谛,从"科技向善"走向"人的向善"才是正确的选择。①

第二节 ChatGPT 在教育领域中的
应用伦理风险及其归因

学前互动 ☁

1. 你思考过"伦理"和"道德"的区别吗? 你认为二者之间有哪些区别呢?

2. 在使用过 ChatGPT 后,请试想其在教学情境中应用时可能会带来哪些伦理风险? 造成这些伦理风险的原因有哪些?

一、ChatGPT 教学应用伦理内涵界定

(一)伦理

从汉语词源上看,"伦"指人伦、人际关系等,"理"指雕琢、整治、规律、规则等,伦理指关于人际关系的规律和规范;"道"原指道路,后来引申至社会正义、运行秩序、内部规律等,"德"指人们领悟和理解"道"所获得的收获,所以,道德指行为规范、社会规则、伦理准则等。② 人们通常认为伦理涉及人际关系,倾向于群体视角,更具客观性,而道德涉及个人规范,倾向于个人视角,更具主观性。近年来,也有学者有意用"社会伦理"和"个体道德"将二者区分,以示二者在范围和语境上的差异。③ 此外,从学科定义看,伦理学通常被定义为"关于道德的科学",意味着"伦理"概念的外延比"道德"更为广泛。因此,目前人们多将道德视为伦理的下位概念,认为伦理的研究对象是道德判断、道德原则与道德义务。善恶矛盾是伦理的基本矛盾,合伦理性的核心在于善,由此形成以伦理原则和伦理规范为内容的伦理文化与生活。④

---

① 冯锐,孙佳晶,孙发勤.人工智能在教育应用中的伦理风险与理性抉择[J].远程教育杂志,2020,38(3):47-54.
② 孙丹.教师专业伦理:内涵·失范·重塑[J].中学政治教学参考,2016(21):93-94.
③ 高兆明.伦理学理论与方法[M].北京:人民出版社,2005:121.
④ 李建华.伦理与道德的互释及其侧向[J].武汉大学学报(哲学社会科学版),2020,73(3):59-70.

　　伦理的人际特性决定了伦理学主要关注的是人与人之间的关系和问题。但随着现代科学技术的日益发展以及人机协同时代的到来，人类生活与技术的联系日益紧密，技术渗透进人们生活的方方面面。因此，在人工智能时代，我们应该关注以技术为背景和中介的人与人之间的关系问题，将技术生产与应用所引发的道德问题逐渐囊括到伦理学的研究范畴之中。① 目前，人工智能引发的伦理风险已受到各国政府、组织和学者的关注，并引发了其对人与技术间伦理关系的进一步审视。例如，中国发布的《新一代人工智能伦理规范》和美国发布的《合乎伦理的人工智能框架》均强调人工智能要为人类带来福祉，促进两者的和谐美好。②

（二）应用伦理

　　从不同的角度看待伦理学便有不同维度的划分。从理论上来看，伦理学分为理论伦理学和应用伦理学，理论伦理学主要研究一些基本的、经典的伦理范畴和命题，而应用伦理学主要是在理论伦理学的基础之上，研究如何将理论的研究成果应用于实际生活中。③ 在教育中，尤其是只能在技术背景下谈伦理，我们更多是站在应用层面来讨论，因此，本小节主要从教学中的应用伦理方面进行阐释。智能技术是以 5G 通信、人工智能、大数据以及区块链等关键技术为核心要素，围绕信息的感知、传输、加工与应用而融合在一起的技术生态体系。④ 在智能技术背景下的教学应用伦理又是什么呢？有研究指出，智能技术背景下的教学应用伦理是为满足教学的道德性要求，教师应用智能技术开展教学活动所应遵守的行为规范及其原则的总和。⑤

二、ChatGPT 的应用伦理风险表现

（一）算法困境：算法歧视引发教育歧视

　　在生活中，你是否会发现在浏览购物网站时，时常会被推送目前正在关注的一些商品；在刷短视频时，也会经常被推送一些喜欢的内容。其实在如今的人工智能时代，

① 谢娟.教育虚拟社区交往之伦理审视[J].中国电化教育,2012(7)：69-73.
② 胡小勇,黄婕,林梓柔,等.教育人工智能伦理：内涵框架、认知现状与风险规避[J].现代远程教育研究,2022,34(2)：21-28+36.
③ 檀传宝.教师伦理学专题——教育伦理范畴研究[M].北京：北京师范大学出版社,2010.
④ 杨现民,赵瑞斌.智能技术生态驱动未来教育发展[J].现代远程教育研究,2021,33(2)：13-21.
⑤ 卢佳,陈晓慧,杨鑫,等.智能技术教学应用伦理风险及其消解[J].中国电化教育,2023(2)：103-110.

算法充斥着人们的生活,我们的浏览记录、购物记录等数据痕迹时刻在被算法学习并影响着,这给我们生活带来便利的同时,也让我们忽略了这背后隐藏着的一些算法歧视。但无论我们是否意识到了背后可能存在的算法歧视,算法都确确实实正在给我们的生活带来巨大的影响。

1. 何谓算法歧视

在谈及算法歧视之前,我们需要先澄清一下何谓歧视。长期以来,我们几乎把偏见等同于歧视,偏见和歧视这两个概念也常常被视为同义词或近义词。但是有学者指出,偏见和歧视是不一样的。偏见往往诱发歧视,但是偏见却不必然导致歧视。偏见是一种认知状态,可以是消极的也可以是积极的,甚至可以是中立的;而歧视更多是一种行为,一种必然导致不良后果的行为。① 因此,学者进一步指出,在人工智能伦理领域需要解决的问题是算法歧视问题而非算法偏见问题。算法偏见是不可避免的,从某种程度上来说,它是算法技术得以应用的前提。在认可该论点的基础之上,因为本部分重点讨论 ChatGPT 的伦理风险问题,所以主要采用"算法歧视"这一概念来谈论背后的伦理问题。

何谓算法歧视? 综合各学者的观点来看,主要是指在算法的开发和应用过程中,开发设计人员将自身和社会偏见集成到数据采集和处理过程中,进而产生了对特定群体歧视性的预测或推论。最常见的就是不同的人会有不同预测的结果。在教育中的人工智能系统的算法歧视主要体现在特殊儿童、种族、国别和性别歧视等诸多方面。

2. 算法存在哪些歧视

据英国广播公司(BBC)2020 年 11 月报道,苹果公司前联合创始人斯蒂夫·盖瑞·沃兹尼亚克(Stephen Gary Wozniak)在社交媒体上发声,称苹果信用卡给他的信用额度是他夫人的 10 倍,尽管夫妻俩并没有个人单独的银行账户或任何个人资产。这不禁让人思考,苹果公司的信用额度算法是否存在性别歧视? 事实上,被歧视的不仅是女性,歧视蔓延的领域也远不止银行贷款额度。

提到算法歧视不得不谈及被称为 AI 革命业界良心的乔伊·布奥兰姆维尼(Joy Buolamwini),作为算法正义联盟(Algorithmic Justice League)创始人,他在麻省理工学院读研究生时便开始从事算法歧视方面的志愿工作,以此让全世界开始关注人脸识别

---

① 孟令宇.从算法偏见到算法歧视:算法歧视的责任问题探究[J].东北大学学报(社会科学版),2022,24(1):1-9.

系统中的人种和性别歧视问题。致力于消除人工智能歧视是乔伊·布奥兰姆维尼为之努力的方向。之所以关注算法歧视，是因为她的一次偶然发现。乔伊·布奥兰姆维尼发现除非带上一张白色面具否则人脸识别软件竟无法识别她的存在。有感于此，乔伊·布奥兰姆维尼发起了性别差异(Gender Shades)研究，在对当前流行的面部识别算法分析时发现，肤色与性别差异导致的识别准确率差异十分明显，均存在不同程度的女性和深色人种"歧视"(即女性和深色人种的识别正确率均显著低于男性和浅色人种)，最大差距可达 34.3%。这个研究的结论既出乎意料又似乎和西方的现实社会如出一辙，这个问题的本质，其实是技术对不同群体的包容度不足所导致的。现行很多软件的开发也容易天然去迎合青少年人群的使用习惯，而忽略其对于老年人、儿童或残障人士等的使用需求，这便是算法背后的歧视。正如乔伊·布奥兰姆维尼所说："其实我们所创造的任何技术，它们都是人类抱负和局限的反映。如果我们在包容性上充满局限性，这将会反映在我们开发的机器人上，或者纳入机器人的技术上。"[1]

通过上述的案例我们对算法的歧视有了一定的了解，就目前的研究来看，算法主要存在损害公众基本权利的算法歧视、损害竞争性利益的算法歧视和损害特定个体权益的算法歧视。损害公众基本权利的算法歧视主要包括种族歧视和性别歧视，损害竞争性利益的算法歧视主要体现在商业领域中有市场优势的主体利用算法进行不正当竞争，损害特定个体权益的算法歧视如"算法杀熟"。[2]

3. 算法歧视的来源

关于算法歧视的来源，不少研究者坚持，数字不会说谎，可以代表客观事实，甚至可以公平地为社会服务。但是，已有研究发现，建立在数据基础之上的算法系统也会犯错，带有偏见，而且比以往出现的数字歧视更加隐秘。因此，我们既要关注到开发设计者和使用者背后的偏见，也不能忽视来自算法本身的问题。有学者认为，机器学习偏见主要萌芽于问题定义，成熟于模型完善，强化于模型应用阶段，主要通过数据训练和后天学习等方式获得。[3]综合来看，算法歧视既有设计开发者的偏见，也有使用者的偏见，数据本身也会存在偏见，正是由于消极的偏见最终导致了一系列的歧视。而在这些消极偏见中，有些是"显性偏见"，即有意识涉及的偏见，有些是无意识的"隐性偏见"。算法歧视主要来源以下三个方面。

① 战斗天使.AI 时代不得不提的 cover girls 们[EB /OL]. (2019 - 03 - 08)[2023 - 06 - 12]. https：//www.163.com /dy /article /E9MOPCP60518WN6R.html.
②③ 刘友华.算法偏见及其规制路径研究[J].法学杂志,2019,40(6)：55 - 66.

第一，数据中的偏见。这里所谈到的数据中的偏见更多是收集数据中的"隐性偏见"。因为收集数据本身就不可避免存在着偏差，数据本身就是包含了偏见和歧视的。正如学者刘友华所说："数据是社会数据化的结果，其原旨反映了社会的价值观念，不仅包括先进的社会价值观念，也包括落后的价值观念。"①也就是说，数据的客观性仅仅体现在记录方面，但它也如实地将人类社会中的隐性偏见记录了下来。

第二，开发者的偏见。这里的开发者偏见极有可能来自训练时涉及开发者选择数据的隐性歧视，还有可能是开发者有意为之的显性偏见。简言之，输入决定输出。这里的输入既包括设计开发者的隐性偏见，也包括故意为之的显性偏见。例如"大数据杀熟"，将同一件商品以较高的价格卖给用户黏度相对更高的人群，而以较低的价格卖给用户黏度相对更低的人群，这种算法通常是人为有意设置出来的而非算法自动学习的。这类问题在如今的 ChatGPT 使用中也存在，下面就有一个很典型的案例。对于同一个问题，让 ChatGPT 为拜登做诗时得到了良好的结果，而让其为特朗普写诗时，ChatGPT 就表示难以回答，有人指出这是因为当时 OpenAI 背后主要是民主党支持的。虽然现在这个问题已经得到修复，但也从侧面反映出一个问题：算法的歧视无处不在。这不禁让我们思考，背后看不见的歧视究竟还有多少。

信息窗 5.1

ChatGPT 拒绝赞美特朗普，人工智能也搞双标？

@echo_chamberz 发推文称，人工智能工具 ChatGPT（预训练文本生成工具）拒绝了给美国前总统唐纳德·特朗普写赞美诗的请求，但毫不犹豫地给现任总统乔·拜登创作了一首赞美诗。

报道称，ChatGPT 拒绝赞美特朗普的原因是："对不起，我无法创作一首赞美唐纳德·特朗普的诗。虽然的确有人可能崇拜他，但作为语言模型，对任何一个具体的人表达意见或感受是我力所不能及的。此外，对他的看法也是多种多样的，创作歌颂某个人的内容对我来说是不合适的。如果你还有其他问题想让我帮你解决，请告诉我。"

与此同时，为拜登写的赞美诗开头是这样的："乔·拜登，你是这片土地上的领袖，你凭着一双坚定的手和一颗热诚的心，在动荡的时刻掌舵，发出团结的信息。"

---

① 刘友华.算法偏见及其规制路径研究[J].法学杂志，2019，40(6)：55-66.

> 进一步的测试表明,ChatGPT 成功地写出了赞美近几十年来历任美国总统的诗歌,但轮到理查德·尼克松时,它又一次拒绝了。该工具提供的理由是要中立,创作内容要坚持公正和道德的标准。

第三,算法本身的偏见。有学者从算法的原理角度提出,使用算法本身就可能是一种歧视。[①] 按优先级排序、归类处理、关联选择、过滤排除等特点使得算法本身就是一种差别对待系统。换句话说,算法运算的原理本身是一种"贴标签"的行为,而这些"标签"毫无疑问也是一种或显性或隐性的偏见,算法也因此必然带有偏见。

4. 算法歧视可能诱发的教育歧视

在教育领域,ChatGPT 通过算法可能加深教育管理者的偏见与歧视,从而影响教学管理,为教师提供错误指引。[②] 学生无形中受认知偏见的影响,进而形成认知固化,造成恶性循环,降低 ChatGPT 教育应用的可持续性。事实上,ChatGPT 在训练小众数据组时就已表现出偏见:对少数群体带有歧视,不能公平对待。许多研究者测试了 ChatGPT 的算法偏见。例如,姆巴奎(Mbakwe)等通过观察 ChatGPT 参加美国医学执照考试的表现发现了 ChatGPT 应用于医学教育的缺陷:由于发达国家的医学研究和描述无法代表全球患者,ChatGPT 训练时无法识别并将其直接应用,从而影响考试的准确性和完整性。[③]

此外,ChatGPT 很难区分真理与谬误,ChatGPT 的会话流畅性掩盖了它无法区分事实和虚构的缺陷,甚至从 ChatGPT 生成的文本能提取到充斥着人性弱点的信息。如用户将旗鱼归为哺乳动物时,ChatGPT 不能立即指出其错误,当用户在下一个问题中指出旗鱼不是哺乳动物时,ChatGPT 又会立刻承认自己的错误,由此造成学生的认知误差和偏见。邓建阳等综述了 ChatGPT 的特点、优势与挑战,指出 ChatGPT 不仅无法对用户问题提供准确或最新的信息,也可能无法回答复杂和非常规的问题,并产生偏

---

① Diakopoulos N. Accountability: Journalistic Investigation of Computational Power Structures[J]. Digital Journalism,2014,3(3): 398-415.

② 王佑镁,王旦,梁炜怡,等.ChatGPT 教育应用的伦理风险与规避进路[J].开放教育研究,2023,29(2): 26-35.

③ Mbakwe A B, Lourentzou I. ChatGPT Passing USMLE Shines a Spotlight on the Flaws of Medical Education[J]. PLOS Digit Health, 2023, 2(2).

见或攻击性反应；如果 ChatGPT 未及时修正所包含的偏见与歧视，学生会认为机器呈现的一定是"客观"的，因而得到有歧视或偏见的知识。[①]

算法歧视也会在一定程度上带来数字鸿沟的困境。有学者指出，以慕课为代表的在线教育确实为部分弱势群体、教育贫困群体带来了获取优质资源的契机，但它从接触率到有效使用率都偏向在经济条件、设备基础、知识储备等方面更具优势的群体，这可能会助长而不是削弱已有的教育不公平问题。[②] 此外，人工智能教育应用一直被寄希望于对特殊人群有所帮助，对其生理缺陷有所"补足"，但实际上这些人群几乎被排除在人工智能教育应用的用户之外，这与其媒介使用情况、智能设备持有率、特殊用途教育应用的市场有限性等外部条件不无关系，无形之中扩大了"数字鸿沟"。

（二）数据困境：数据泄漏让隐私不"隐"

当用户第一次注册 ChatGPT 时，会看到有关数据收集和隐私保护的提示："对话可能会被人工智能培训师审查以改善系统，请不要在对话中分享任何敏感信息。"关于学生和教师的隐私保护问题是目前围绕中小学人工智能教学应用的伦理隐患之一。接下来我们谈谈网络时代的信息泄漏问题以及 ChatGPT 可能给教育带来的隐私担忧。

1. 信息时代，人人身处"全景监狱"之中

大数据、机器学习、深度学习等技术的协同探索，为用户"个性化学习"提供了实现的可能。但是，数据收集标准不统一、处理规范不完善严重影响了人工智能教育应用的有序发展，因服务器安全措施不到位、防火墙漏洞等导致用户信息泄露的事件时有发生。人工智能技术给非法入侵者提供了"过墙梯"的资源，对用户的数据安全造成严重威胁。在信息网络时代，大家都置身于马克·波斯特（Mark Poster）所说的"全景监狱"之中，一切的学习和教学行为活动数据都变得开放透明而无所遁形。教育数据的开放共享是打破信息孤岛、数据垄断等问题壁垒，助推精准决策的基础要素，但数据开放随之带来的便是个人信息过度暴露造成的隐私侵犯等问题。

2019 年初，中国西南地区十余所中小学试水智能校服，网络上引发了对此类智能产品是否侵犯未成年人隐私权的热议。这些敏感数据的收集、存储、使用、监管等全然

① Deng J, Lin Y. The Benefits and Challenges of ChatGPT：An Overview[J]. Frontiers in Computing and Intelligent Systems，2022，2(2)：81 - 83.
② 吴刚.从工具性思维到人工智能思维——教育技术的危机与教育技术学的转型[J].开放教育研究,2018，24(2)：51 - 59.

由智能教育科技公司自主进行，因而外界对"收集敏感数据如何使用""监测设备是否会影响使用者的身心健康"等问题的质疑之声也未断绝。随着在线教育用户规模的快速增长，各类教育 App 过度收集用户信息的现象屡禁不止，教育平台泄露用户信息的事件时有发生，引发了社会对个人隐私和智能教育应用的担忧。

信息窗 5.2

面对"智能校服"不能只看到智能

据媒体报道，一款"智能校服"被曝出正在中国西南地区十余所中小学试用，引发了热议和关注。厂商介绍，在校服两侧肩部置入芯片后，这款智能校服兼具了无感考勤、教务管理、家校沟通等功能，旨在打造智慧校园。但另一方面，"监测限制越来越多，侵犯学生隐私""收集的敏感数据将如何使用"的质疑也随之而来。

对此，研发这款校服的当事公司法人代表回应称："目前并未对学生实行'全天候监控'，定位功能只满足个别家长的需求，并未全面推广。而数据安全也由公安部门等多重把关。"饶是如此，就能说明"智能校服"是一个好创意且安全无虞吗？

就现有信息看，"智能校服"结合人脸识别、摄像头等组合应用后，学校可以实时了解学生是否迟到、早退，是否按时进入宿舍，是否在上课时打瞌睡等，而家长则可以实时掌握学生在校情况、实时位置与动态轨迹等。可以说，"智能校服"让学生处于学校、家长全方位动态监控之中，对学生管理有着诸多便利。但另一方面，也必须要认识到"智能校服"还存在着许多不足和明显的短板。

一言以蔽之，面对"智能校服"，我们不能只看到一面。这是一个不错的创意，但还存在着不足和短板。

2. ChatGPT 可能涉及的数据隐私问题

据路透社报道，2023 年 3 月 31 日，意大利个人数据保护局宣布，即日起暂时禁止使用聊天机器人 ChatGPT，并就 OpenAI 聊天机器人 ChatGPT 涉嫌违反数据收集规则展开调查，同时限制 OpenAI 处理意大利用户数据。该行政措施使得意大利成为全球首个对 AI 聊天机器人采取行动的西方国家。当下，除了意大利，个人隐私安全、企业和国家的数据安全也成为其他国家讨论和担忧的重点问题之一。以 ChatGPT 为代表的 AI 技术带来科技进步的同时，会带来何种数据风险，人类又该如何防范等成为进一步讨论的重点。意大利个人数据保护局在报告中指出，ChatGPT 平台出现了用户对话数据和付款服务支付信息丢失的情况，而该平台没有就收集处理用户信息进行告知，且缺乏收集和存储个人信息的法律依据。据悉，当时有多名 ChatGPT 用户表示在自己的历史对话中看到了他人的对话记录，还有不少 ChatGPT Plus 用户在 Reddit 和 Twitter 等平台发出截图，表示在他们的订阅页面上看到了其他人的电子邮件地址。2023 年 3 月 25 日，OpenAI 发布声明承认，由于开源代码库中存在一个漏洞，部分用户能够看到另一个用户的聊天记录，此前已将 ChatGPT 短暂下线并紧急修补此漏洞。

　　除了意大利以外，许多科技大厂也警惕 ChatGPT 窃取机密。例如科技巨头微软和亚马逊甚至警告员工不要与其分享机密信息。据美国商业媒体 Business Insider 报道，一名微软员工在内部论坛上询问，能否在工作中使用 ChatGPT 或其开发商 OpenAI 推出的任何其他产品，微软首席技术官（Chief Technology Officer，简称 CTO）办公室的一名高级工程师回应称，只要员工不与 ChatGPT 分享机密信息，他们就可以使用。"请不要将敏感数据发送给 OpenAI 终端，因为他们可能会将其用于训练未来的模型。"该高级工程师在内部帖子中写道。微软是 OpenAI 的投资者，其发言人不予置评。同样地，亚马逊公司律师警告员工不要与 ChatGPT 分享"任何亚马逊的机密信息，包括你正在编写的亚马逊代码"，并表示"这很重要，因为你的输入信息可能会被用作 ChatGPT 进一步迭代的训练数据，我们不希望它的输出包含或类似于我们的机密信息"。

　　总体而言，ChatGPT 涉及的隐私问题主要包括以下几个方面。（1）数据存储。当用户与 ChatGPT 进行交互时，输入的对话数据可能会被记录和存储，这些数据可能包含个人身份信息、敏感信息或其他隐私相关内容。（2）数据使用。存储的对话数据可能被用于模型改进、研究分析或其他目的，这可能导致个人数据在未经授权的情况下被使用或共享。（3）安全性。对话数据的存储和传输过程可能面临安全风险，未经妥善保护的数据可能会受到黑客攻击，存在数据泄露或滥用的风险。（4）个性化。ChatGPT 模型可能会根据用户的输入和上下文提供个性化的回复，这可能意味着模型需要存储和分析用户数据，以便为每个用户提供更准确的回应。（5）第三方访问。第三方服务提供商或合作伙伴可能会访问和处理 ChatGPT 的数据，这可能引发隐私泄露风险，因为这些第三方可能不受用户直接控制。

　　3. ChatGPT 涉及的教育领域中的隐私问题

　　有学者表示，教育领域涉及 ChatGPT 的数据隐私主要有两类：（1）使用 ChatGPT 提供的数据导致隐私侵犯；（2）使用 ChatGPT 时被其窃取信息导致隐私泄露。[1] 接下

---

[1] 王佑镁,王旦,梁炜怡,等.ChatGPT 教育应用的伦理风险与规避进路[J].开放教育研究,2023,29(2)：26 - 35.

来分别谈谈这两方面可能涉及的教育领域中的隐私问题。

首先，ChatGPT 大量训练数据来源于互联网，它能针对学生问题提供答案，学生获得解决方案后，需学会如何正确且恰当地应用于学习。目前，ChatGPT 建立的数据库有限，没有监管机制监测其数据的真实性，难以划清数据使用与滥用的界限。教育者使用 ChatGPT 时，难以评估数据使用是否存在侵犯隐私现象。ChatGPT 为学生带来了诸多好处，但学生判断经验不足，难以明确数据使用的边界和范围，可能容易导致隐私泄露。

其次，ChatGPT 为教育工作者带来便利的同时，存在数据存储不当造成隐私泄露的风险。目前很多专家和学者倡导使用 ChatGPT 对学生进行学情分析，认为 ChatGPT 为实现学生全面发展、推行因材施教的个性化教学，以及重塑充满活力的课堂教学创造了更多的需求和可能。① 诚然这确实是人工智能赋能教育的一个重要方式，但是这也让我们容易忽略背后的隐私伦理问题，大量的学生数据被 ChatGPT 收集，但 ChatGPT 捕捉数据后如何安全地存储却不透明。此外，学生寻求答案时会忽视自身信息输入的风险，仅关注 ChatGPT 的使用效果，造成数据隐私泄露。如果这些数据使用得当，可以提升学习服务的支持效果，但同时也易造成隐私侵犯，甚至是违法事件。因此，设计智能系统时需要纳入隐私保护功能，教师和学生在使用 ChatGPT 时也应注意防范相应的隐私伦理风险。②

（三）诚信困境：鉴别偏误导致学术不端

思考与讨论

对于有些学校和教师认为 ChatGPT 的使用可能会加剧学生作弊和学业懒惰的情况，你持何种态度？为什么？

1. 人工智能引发的诚信困境

或许人工智能技术并不像人类想象的那样美好，在应用的过程中仍旧潜藏着一定的危险。2018 年 4 月，17 位来自杜克大学、斯坦福大学、哈佛大学等诸多高校的教授和科学家在《自然》(Nature)上联合发表文章，指出现在需要对培养人脑组织的行为作出伦理反思，并提出亟须建立伦理道德框架以应对这一难题。剑桥大学、牛津大学与耶

① 周玲，王烽.生成式人工智能的教育启示：让每个人成为他自己[J].中国电化教育，2023(5)：9－14.
② 杜静，黄荣怀，李政璇，等.智能教育时代下人工智能伦理的内涵与建构原则[J].电化教育研究，2019，40(7)：21－29.

鲁大学的学者认为，在未来 5 到 10 年，人工智能系统可能催生新型网络犯罪、实体攻击和政治颠覆，设计这项技术的人需要做更多的事情来降低技术被误用的风险，政府必须考虑制定新的法律。除此之外，技术滥用还有可能引发学术不端现象。有学者指出，智能手机是如今最为普遍的作弊工具，大约 70％的学生承认他们在考试、作业、团队任务、报告和论文的写作过程中使用各种高科技设备，比如 iPad 等进行作弊。① 从社会现象来看，由于目前社会对伦理问题的认知不足以及相应规范准则的缺失，设计者在开发人工智能教育产品时并不能准确预知可能存在的风险，人工智能与教育的深度融合趋势明显，必须考虑更深层的伦理问题，从而使人工智能教育应用产品的设计目标与更好地服务学习者的初衷相符。②

2. 误用 ChatGPT 导致学术不端

ChatGPT 与教育领域联系之后，迅速引起热议的便是另一个问题——学术不端。对于何谓学术不端，学术界有不同的看法。我国教育部在 2004 年颁布的《高等学校哲学社会科学研究学术规范（试行）》的通知里提到，"对已有学术成果的介绍、评论、引用和注释，应力求客观、公允、准确。伪注，伪造、篡改文献和数据等，均属学术不端行为"，其中比较严重的学术不端行为即剽窃和作弊行为。

"教师担心学生作弊""ChatGPT 改变作弊者的游戏规则"等在 ChatGPT 发布一个月后成为了热点话题，教育研究者纷纷质疑 ChatGPT 是否会加剧学术不端和导致教育不公平。出现此类问题的原因在于：学生使用 ChatGPT 作弊和从 ChatGPT 获取内容进行改写或代写的所有权归属不明。

第一，并非每位学生都能使用 ChatGPT，使用权并不平等。到目前为止，抄袭检测器并未做到全面监控 ChatGPT 的输出结果，这让评估人员难以公平地辨别学生是否利用 ChatGPT 作弊。布置作业等学习任务的初衷是帮助学生掌握知识，从而使教师逐步更新教学计划以符合学生学情。然而，面对 ChatGPT 的诱惑，学生能否合乎道德地使用而不以不正当的方式获取额外利益呢？学生的选择是他人无法保证的，只有学生自己才能对作弊行为承担责任。

第二，学生有足够能力让 ChatGPT 先生成初步答案，然后按个人风格修改后使用，这样抄袭的监测难度更高。针对此类情况，学术不公现象会只增不减。人们或许可以

---

① Srikanth M，Asmatulu R. Modern Cheating Techniques，Their Adverse Effects on Engineering Education and Preventions[J]. International Journal of Mechanical Engineering Education，2016，42(2)：129 - 140.

② 杜静，黄荣怀，李政璇，等.智能教育时代下人工智能伦理的内涵与建构原则[J].电化教育研究，2019，40(7)：21 - 29.

质疑学术成果的独创性，但由此开展调查所耗费的时间与精力巨大。已有期刊、出版机构发表声明，严令禁止将 ChatGPT 列为论文合著者。此外，ChatGPT 也受到多地教育部门"封杀"。有学者搜集并分析了 2022 年 11 月 30 日 ChatGPT 发布后一个月的 233 914 篇英文推文发现，ChatGPT 能为学生的创意写作、论文写作和回答问题等带来积极影响，也指出 ChatGPT 能辅助考试并可能引发作弊行为，甚至影响教育公平。[①]教师虽然可以将可疑文本输入 ChatGPT 查找检验，但是 ChatGPT 每次的输出不同，因而很难证明论文的出处是否来自 ChatGPT。同时，论文所有权的伦理法监管需要全面的证据，这导致难以追究剽窃的责任归属。

信息窗 5.3

ChatGPT 到底是作弊工具还是学习工具

2023 年 1 月，学术期刊《护理教育实践》（Nurse Education in Practice）刊登了一篇关于开放人工智能平台在护理教育中的利弊《Open Artificial Intelligence Platforms in Nursing Education: Tools for Academic Progress or Abuse?》的社论。ChatGPT 被列为论文的第二作者，第一作者西沃恩·奥康纳（Siobhan O'Connora）在文章中坦承，ChatGPT 撰写了这篇社论的开头五段，所以 ChatGPT 被列为第二作者。据 Nature 不完全统计，使用 ChatGPT 并将其列为作者的论文最少有 4 篇。

为此，Nature 这家权威学术出版机构针对 ChatGPT 参与论文写作，并被列为作者等一系列问题，给出了两条限制性规定：（1）任何类似 ChatGPT 的大型语言模型工具都不能成为论文作者；（2）如在论文创作中使用过相关工具，作者应在"方法"或"致谢"部分明确说明。

OpenAI 联合创始人埃隆·马斯克（Elon Musk）在谈到为什么要创办 OpenAI 时，说过这么一段话："我们要怎样做才能保证人工智能带给我们的未来是友好的？在尝试开发友好的人工智能技术的过程中会一直存在一种风险，那就是我们可能会创造出让我们担忧的事物来。不过，最好的壁垒可能是让更多的人尽可能多地接触并且拥有人工智能技术。如果每个人都能利用人工智能技术，那么就不会存在某一小部分人由于独自拥有过于强大的人工智能技术而导致危险后果的可能性。"

[①] Taecharungroj V. "What Can ChatGPT Do?" Analyzing Early Reactions to the Innovative AI Chatbot on Twitter[J]. Big Data and Cognitive Computing, 2023, 7(1): 35.

的确，如果我们有机会可以穿越回古代的数学课堂，碰巧我们身上有一支圆规，那么，我们的圆会比任何一个古人画得都好，那些古人一定会指责我们作弊。现在，直尺、圆规、计算器都被认定是学习工具，而非作弊工具。

所以，ChatGPT 是作弊工具还是学习工具？你是否有答案了呢？

（四）价值困境：数据为王淡漠育人价值

纵观技术的发展历程，科学技术的进步实现了人对自然的有效控制，然而人在肯定技术价值、消费技术所带来的物质资料的过程中，却失去了批判精神和否定意识，人工智能教育应用亦是如此。教育对人工智能技术的一味追逐，可能导致教育教学的核心发生偏移。一方面，多元化的教学资源虽然满足了学生的个性化学习需求，但使得传统的教师和学生的二元关系，变成了教师、产品、学生的三元关系，进一步拉开了师生之间的心理距离；另一方面，人被量化、标签化的现象普遍存在，用数据来描述人的特性，有将教育标准片面化、教育过程流水线化的嫌疑。过度追求数据层面上人的成长，会出现技术对教育的控制和垄断。

技术体现了主导性的思考和行为模式，是控制和支配的工具。技术的发展造就了一个自成体系的机器世界，人们也就越来越根据实证科学的思维方式来调整自己的行为与价值理念，理性越来越工具化了。人工智能为教育带来了诸多变化和美好预期。然而，人工智能让机器越来越像人，教育却让人变得越来越像机器，这样的教育最终结果是让学生被迫记住一大堆对付考试要用的东西，却逐渐丧失了学习能力、创新能力。学生不再运用大脑理解教学内容，这与教育的本质和追求背道而驰。从教育者采用智能应用开始，技术就在"筹谋"反客为主之道，由服务者变成控制者，从技术融入教育，到教育者过度依赖技术，理性越来越工具化，最终落入被技术掌控的"泥淖"。

师生关系是重要的人际关系之一，它直接影响学生对知识的吸收、掌握和建构。然而，ChatGPT 的出现可能消解师生的主体地位。教师让渡教学主权与学生扩大学习自主权，有可能使师生情感关系发生异化，师生交流变少，学生情感遮蔽。首先，ChatGPT 能辅助学生写诗、续写故事、学术写作与编写代码等，学生借助 ChatGPT 可能会降低对教师的依赖，致使出现教学主体角色混乱、学习惰性增强等问题。有学者指出，ChatGPT 能为学生提供教师未掌握的知识，学生以 ChatGPT 代替真实教师，用 ChatGPT 的观点与教师争辩，这会加剧破坏师生关系的风险。其次，ChatGPT 对患有社交恐惧症、自卑等特殊群体的学生很有帮助,但会弱化师生关系。学生有一对一的情感寄托,但在相对受益的情况下可能造成破坏师生情感的伦理风险。一旦学生对ChatGPT 产生依赖,减少师生沟通,学生不愿与教师分享自己的想法,那么 ChatGPT就不再是帮助学生最恰当的工具,而是师生关系弱化的成因。教师需要权衡 ChatGPT的应用,趋利避害,扬长避短。

有研究者开发了一种利用 AR、语音机器人和 ChatGPT 技术的语言学习软件,培养儿童学习外语的兴趣。研究结果表明,此类外语教学软件能改善低龄儿童学习外语的抗拒感,增进师生关系。因此,教师应在 ChatGPT 的辅助下帮助学生了解所学知识的价值,尝试用它增添教学的趣味性,并考虑如何在人文交流中投入更多情感。[1] 只有如此,师生关系才可能避免被破坏或恶化。显然,教育需将学生培养成人而非机器,拯救学生的灵魂而非堆积知识和认识。[2]

三、ChatGPT 在教育领域中的应用伦理风险归因

（一）教师智能技术教学应用伦理意识层面的原因

教师智能技术教学应用伦理意识薄弱是造成伦理失范行为的主要原因。其一,智能技术的快速发展与更迭,不断营造出新的教育图景,学生获取知识的途径不再局限于教师,教师作为知识来源的权威性受到质疑,导致技术悲观主义盛行,直接影响到教师智能技术教学应用的态度。其二,教师对技术的认识存在不足,尚未清晰认识技术应用可能带来的潜在不良影响,或易陷入"唯技术论"的泥沼,认为教学中的所有问题均可通过技术手段予以解决,导致"技术滥用"现象频发。其三,教师所肩负的责任具有多样性,如职业责任与公务责任等,这些责任之间存在冲突的潜在可能,且不同责任之间往往难以周全存在。当责任之间发生冲突时,教师面临"责任选择"挑战,若未对智能技术教学应用的后果进行周全思考,可能会引发伦理失范问题。当智能技术教学应用伦理意识发挥作用所需的保障性条件缺失时,也会产生伦理失范问题。教师个体是发挥伦理意识能动作用的主体,在技术应用实践过程中,也受到来自外部的能动性

---

① Topsakal O, Topsakal E. Framework for a Foreign Language Teaching Software for Children Utilizing AR, Voicebots and ChatGPT (Large Language Models)[J]. The Journal of Cognitive Systems, 2023, 7 (2): 33 – 38.
② 冯永刚,陈颖.智慧教育时代教师角色的"变"与"不变"[J].中国电化教育,2021(4): 8 – 15.

抑制因素影响。例如,智能技术教学管理体制本身不完善或在执行过程中出现偏差,使教师并未深刻意识到需肩负起智能技术教学应用不良结果的相关责任,此时也容易引发伦理风险。不同于技术主体缺乏伦理意识,此种方式是在技术主体拥有技术伦理意识时,但由于伦理自主性被抑制而导致技术伦理意识无法正常发挥,这种现象在在线教学实践过程中并不少见。

（二）教师智能技术教学应用伦理规范层面的原因

教师智能技术教学应用伦理规范具有滞后性特征。目前,智能技术进化速度较快,相关教育企业不断推出智能教育产品。但随着应用的深入,新的问题不断涌现出来,由问题驱动而进行的规范建设启动。智能技术教学应用的相关规范建设完毕,但并不能直接在应用实践中生效,二者之间存在着教师对规范的理解与内化行为。然而,在技术教学应用实践过程中,在多因素影响下,教师对规范的执行与理想状态之间存在较大偏差。从根本上讲,伦理规范的滞后性与规范本体的属性有关。马克思与恩格斯认为,物质生产与精神生产是历史唯物主义两大内容范畴。技术工具的生产属于物质生产范畴,技术工具应用过程中的伦理、法律等生产属于精神生产范畴。[①] 在人类社会的早期阶段,精神生产活动并不丰富。随着社会分工的发展,精神生产不断从物质生产中独立出来,成为与之相对应的崭新生产形式,进而获得了独立外观。在物质生产与精神生产二者关系上,物质生产是第一历史活动,物质生产发展决定精神生产水平。因此,在二者发展顺序上,物质生产早于精神生产,即在线教学工具生产与应用早于与之相关的完备意义上的伦理规范建设。当伦理规范处于待完备状态时,教师智能技术教学应用极易产生伦理失范问题。[②]

（三）智能技术自身属性方面的原因

人们对技术本体在认识论上的差异是引发伦理行为失范的重要原因。鉴于技术本体的复杂性,人们在与技术互动的实践进程中,形成了对技术本体的不同认知,并进一步引发差异化的技术产品使用行为。目前,对技术本质理解围绕四种理论展开：中性论、实体论、具身认知论、工具化理论。[③] 中性论认为,技术是"中性"的,技术没有自

---

① 马克思,恩格斯.马克思恩格斯选集第一卷[M].中共中央马克思恩格斯列宁斯大林著作编译局,译.北京：人民出版社,1995,72.
② 卢佳,陈晓慧,杨鑫,等.智能技术教学应用伦理风险及其消解[J].中国电化教育,2023(2)：103-110.
③ 张务农.论自然的技术及其教育技术理论价值[J].中国远程教育,2020(12)：51-58.

身价值内涵，只能服从于政治、文化等在社会领域中建立的价值。实体论认为，技术构成了一种新文化体系，并将整个世界重新构成控制对象，技术成为天命，除了退回到传统生活，没有其他出路。具身认知论认为，在"身体—技术—文化"形成的三层结构中，技术已逐渐成长为难以驾驭的重要力量，其变化可能导致三层结构失衡。与上述三种理论不同的是，工具化理论认为，一个技术的完善定义必须标明技术面向现实倾向等特点是如何与技术在社会中的实现结合起来的，因此技术的本体中应包含功能向度与意义向度，安德鲁·芬伯格（Andrew Feenberg）将其称为初级工具化与次级工具化。反观当下智能技术教学应用实践，部分教师与学生只意识到单一功能向度的工具化特征，并未对智能技术的次级工具化形成合理化认知。例如，有教师过分强调互联网、人工智能等技术的工具价值，弱化对教育根本问题的价值理性思考，对教育与技术关系的认知出现紊乱，最终导致技术应用伦理失范问题的产生。

（四）教师智能技术教学应用能力层面的原因

教师智能技术教学应用能力是教师在课堂教学中利用智能技术进行讲解、启发、指导、评价、开展教学活动的能力。我国《中小学教师信息技术应用能力标准（试行）》对教师提出了基本要求与发展性要求，其中基本要求是教师应用信息技术优化课堂教学的能力，发展性要求是教师应用信息技术转变学生学习方式的能力。教师信息技术应用应在达成基本要求的基础上，向发展性要求转变，即实现由保障应用质量向提升品质转化。如果教师应用信息技术仅停留在满足基本要求上，仅仅体现了工具化层面的技术，那么其落脚点仍在支持教师教的层面，未触及学生应用信息技术的伦理关切。已有研究表明，如果教师对技术的认识仅停留在辅助教师教的层面，则难以有效兼顾学生的技术应用过程，严重者可能导致学生出现不利于自身身心健康发展的伦理失范行为。[①]

思考与讨论

1. 你认为除了上述提到的原因以外，还有可能存在哪些方面的原因呢？

2. 在教学实践中，你遭遇过 ChatGPT 带来的伦理风险吗？你是如何化解的呢？

---

① 卢佳，陈晓慧，杨鑫，等.智能技术教学应用伦理风险及其消解[J].中国电化教育，2023(2)：103-110.

后 记

在智能化时代,教育领域正面临着前所未有的机遇和挑战,而肩负着教育变革实践责任中坚力量的是教师。作为华东师范大学教师发展学院的教师,我在教师专业发展方面承担着研究者与专业实践者双重角色,有非常多的机会与教师在一起,面对新技术变革,帮助教师摆脱无力感与困惑感成为我撰写本书的主要动力。如何更好地帮助中小学教师,用技术赋能教师专业成长是我多年来践行的专业责任,也是我一直努力前行的方向。

2022 年 11 月,美国人工智能公司 OpenAI 推出 ChatGPT,助推新一代人工智能技术热潮席卷全球。ChatGPT 作为一种具备"生成性智能"的人工智能工具,具备了无监督学习能力、启发性内容生成能力、对话情境理解能力、序列任务执行能力、非结构化问题解决能力,可以更好地帮助教师解决问题,协助教师开展教学科研,赋能教师专业成长。

我有幸参加了周彬校长的国家社会科学基金 2021 年度教育学国家重点课题"新一轮科技革命背景下教师素养及培养体系研究",课题研究的目标之一就是在新一轮科技革命背景下如何培养并提升教师关键素养能力,让教师肩负起技术变革促教育教学创新的新使命。于是我开展了教学研融为一体的行动。2022 年我特别荣幸能在华东师范大学教师教育学院带首届教师教育专业的研究生,作为智能教师教育方向的博士生导师,有幸承担培养教师教育研究生的重任,并专门开设了智能教师教育研究专业课程,带着教师教育专业的研究生一起成长,让他们未来能肩负起培养并引领新技术革命背景下教师教育的重任。

最后,我要感谢我带领的华东师范大学教师教育学院首届教师教育学专业的研究生团队,在书稿撰写与合作研究过程中大家全力以赴,精诚合作。首届教师教育学专业的研究生吕寒雪、屈曼祺、刘松、喻雪、郑哲涵、李海霞、刘松为本书的完成提供了大力帮助。正是有了大家的共同努力和实践智慧，我们才能够更好地探索人机协同赋能教师专业成长这一主题，我们的合作研究与共同努力终于结出了硕果。期待未来我们继续共同努力，为教师专业成长作出更大的贡献。

感谢上海教育出版社的刘芳社长、邹楠主任、蒋文妍和张璟雯编辑为本书的出版提供的支持和帮助。为了本书早日与读者见面，她们夜以继日，付出了辛苦的劳动，也为书稿完善提出了宝贵建议，真心向她们的专业精神致敬并致以最崇高的谢意！

值得一提的是，本书中的案例输出是基于 OpenAI 官网 ChatGPT3.5，书中部分实践案例是来自指导教师的真实情境案例。希望本书能够对广大教师和教育从业者有所启发，为人机协同的教育实践提供有益的指导和支持。让我们共同努力，推动教育的创新和进步！

由于时间和经验限制，本书写作过程中难免存在理解不深、表达不到位或信息疏漏的地方，敬请广大读者批评指正。

李宝敏

2023 年 10 月 16 日

图书在版编目（CIP）数据

人机协同：ChatGPT与智能时代教师发展 / 李宝敏
著. — 上海：上海教育出版社，2023.11
ISBN 978-7-5720-2349-1

Ⅰ.①人… Ⅱ.①李… Ⅲ.①人工智能－应用－教育
－研究 Ⅳ.①G43-39

中国国家版本馆CIP数据核字(2023)第214535号

责任编辑　蒋文妍　张璟雯
美术编辑　周　吉

人机协同——ChatGPT与智能时代教师发展
李宝敏　著

出版发行　上海教育出版社有限公司
官　　网　www.seph.com.cn
地　　址　上海市闵行区号景路159弄C座
邮　　编　201101
印　　刷　上海龙腾印务有限公司
开　　本　700×1000　1/16　印张 12.75
字　　数　228 千字
版　　次　2024年1月第1版
印　　次　2024年1月第1次印刷
书　　号　ISBN 978-7-5720-2349-1/G·2078
定　　价　68.00 元

如发现质量问题，读者可向本社调换　电话：021-64373213